CW01639352

GOLF

S'initier et progresser

Manuel technique et pratique

amphora sports

14, rue de l'Odéon - 75006 Paris

Remerciements à :

Monsieur Jim PARKER du golf club d'ABERFELDY (ÉCOSSE),

Allan Mc GUINESS, "golf professional" au golf club d'Eastwood de GLASGOW (ÉCOSSE),

Anne-Lise OZIL pour sa collaboration attentive,

Le Golf Club des CHANALETS (Bourg-lès-Valence, DRÔME), son équipe de direction : Pascal et Fanny ANDRIEU,

Le "Pro" Wilfried WEYLAND,

Les greenkeepers Daniel BORGHESE et Céline LARMANDE,

Le Golf Club de CHARPEY (DRÔME) et son "Pro" Philippe ROUSSEAU,

Le Golf Club de CLAVIERES (ITALIE), le GRAY ROCKS Golf Club (QUEBEC), le Golf Club de MASSANE (HERAULT), le Golf Club d'Aix-les-Bains,

Monsieur Gérard JOUVE (photographe), Monsieur Renaud DUBOIS,

Mesdemoiselles Isabelle PRESTI et Caroline YANEZ,

Les étudiantes et les étudiants pratiquant le GOLF dans le cadre du SIUAPS de VALENCE (DRÔME).

Maquette : AlphaStudio (La Rochelle)

Photos de couverture et intérieur : Gérard Jouve pour © Éditions Amphora

Photo page 16 : © Presse Sports

© Editions Amphora, Avril 2001

ISBN 2-85180-**574**-6

Imprimé en Espagne – ***SAGRAFIC*** – 02/06

En préambule

Le but premier de cet ouvrage est de familiariser et d'aider dans leurs premiers swings toutes celles et ceux qui auraient décidé de consacrer quelques loisirs à cette activité physique et sportive.

Comme pour tous les sports, il existe un certain nombre de connaissances indispensables à la pratique que le débutant se doit de connaître. Nous avons réuni ici ce qui nous semble essentiel de savoir pour faciliter l'entrée dans l'activité. On trouvera donc l'essentiel du règlement, l'essentiel de la technique, l'essentiel du jeu lui-même, etc. Des thèmes de réflexion sont également abordés pour celles et ceux déjà en recherche de perfectionnement. Cette occasion de revenir sur leur pratique est une aide pour une meilleure maîtrise de leur jeu.

Pour autant, ce livre ne prétend pas faire du lecteur un golfeur hors pair. Quand bien même celui-ci serait allé jusqu'à la dernière ligne ! Et pour cause : personne n'a jamais appris à nager en lisant un traité de natation ! Rien ne remplacera jamais la pratique, même si celle-ci gagne à être conduite par une réflexion. Transmettre simplement ce que tout nouveau joueur ne peut ignorer a été notre souci constant. Chacun est ainsi invité à s'inscrire tout naturellement dans la longue tradition du Golf. Une tradition que toute arrivée contribue à renforcer et à actualiser.

Le désir de partager la passion du Golf imposait les chapitres 1, 2 et 3. Depuis bientôt plus de huit cents ans un formidable engouement pour ce jeu rassemble des hommes et des femmes. “L'autre moitié du ciel”, comme le disent les Chinois, n'a jamais été oubliée. Les femmes ont toujours été présentes dès les origines sur les parcours de Golf. Le jeu se pratique sur toute la planète... et même au-delà ! (Les astronautes qui ont marché sur la Lune avaient emporté de quoi tenter quelques swings. “J'y ai frappé le plus long drive de ma vie”, déclarait l'un d'eux à son retour).

LE GOLF EST VÉRITABLEMENT UNIVERSEL

On trouvera ensuite les réponses aux questions les plus courantes que tout lecteur est en droit d'attendre d'un guide pratique (chapitres 4, 5 et 6).

Les principes de base qui fondent la technique sont l'objet d'une présentation particulière (chapitres 9, 10, 11, et 12). Les chapitres 13, 14 et 15 examinent les éléments essentiels du golf à considérer pour progresser de façon autonome. L'expérience ayant largement démontré qu'en matière d'apprentissage sportif si le Champion peut constituer une référence, il ne saurait constituer le modèle à imiter. En

termes d'efficacité, nous restons persuadés qu'il est préférable que chacun interprète à sa manière, avec ses possibilités et ses caractéristiques (âge, sexe, passé sportif, etc.), les principes fondamentaux. Se lancer dans une reproduction formelle, forcément médiocre, d'un geste incompris est une expérience à la longue ennuyeuse, et toujours décevante.

Il existe une terminologie spécifique au golf, empruntée à la langue anglaise. Au cours du temps, quelques mots ou expressions ont trouvé leur traduction française. Pour l'essentiel, l'usage des mots anglais a été conservé.

Aussi, chaque fois qu'un de ces termes nouveaux apparaît, il est signalé en caractères gras. Il fait alors l'objet d'une traduction, d'une courte explication. La plupart des termes sont rappelés en index au chapitre 17. Les abréviations suivantes ont été utilisées :

trad. = traduction
en ang. = en anglais
en fr. = en français

Afin de ne pas alourdir le texte, toutes les indications s'adressent à un joueur droitier. Que les gauchers nous pardonnent, ils sauront, comme ils en ont l'habitude, rectifier d'eux-mêmes. Ils ont d'ailleurs toute leur place en Golf puisqu'il existe du matériel, des clubs, pour gauchers.

Pour la clarté de l'exposé, pour illustrer certains propos, expliquer certains points, nous avons eu recours aux graphiques précis de Marie-Agnès GUIDON et aux belles photographies de Gérard JOUVE. Wilfried WEYLAND et Philippe ROUSSEAU, professionnels de Golf, ont bien voulu prêter l'image de leur expérience et de leur talent pour les photos techniques.

Initiation en direction des débutants, réflexion pour une recherche de perfectionnement, nous espérons que notre approche retiendra l'attention de ceux qui travaillent au développement ou à la promotion du golf.

Le livre peut se lire dans la continuité. Cependant chaque chapitre est indépendant et peut être parcouru séparément. Certains chapitres comme "l'Etiquette" ou "les Coups Spéciaux" gagneront à être relus de temps à autre.

Depuis vingt ans le Golf a connu en France un essor sans précédent. L'image d'Epinal d'un sport de vieux pour "vieux rentiers et vieilles rombières" appartient définitivement au passé. Le volontarisme de la Fédération Française de Golf, l'émergence de champions modernes comme Tiger WOODS ou Jean VAN DE VELDE, ouvrent le golf au plus grand nombre. Les 30 000 golfs de la planète sont prêts à accueillir les nouveaux passionnés.

Car le golf est avant tout ce qu'il est convenu d'appeler une passion modérée. Passionnant, on s'y engage totalement. Modéré, il ne met jamais en danger. Le golf est sans doute un loisir, certainement un sport, mais surtout, un monde ouvert à toutes et tous, une culture à partager passionnément, quels que soient son âge et ses talents. Cette invitation à la pratique aurait été incomplète sans les chapitres 7, 8, 16 et 17.

1

Le Golf

Par le nombre de ses licenciés (60 millions), le golf est sans conteste l'un des premiers sports de la planète.

S'il fallait en donner une définition, on pourrait retenir celle tout en humour de Mark TWAIN : "Le golf est une belle promenade, gâchée par une petite balle blanche". Ou celle-ci : "C'est un jeu où une petite balle est posée sur une grosse. Il faut frapper la petite sans toucher la grosse !"

Plus sérieusement, on dira que le golf est un jeu d'adresse, de plein air. Il s'agit de faire entrer une balle, à l'aide de clubs, successivement dans dix-huit trous, à partir de départs définis, et dans un ordre précis ; en frappant la balle le moins de fois possible.

Comment alors imaginer que derrière cette définition plutôt prosaïque, existe un incroyable monde de passions ? Ce jeu aux règles simples demande une habileté diabolique. Les débuts sont souvent décevants, les premiers essais rarement couronnés de réussite. Pourtant la plupart de ceux qui un jour se sont essayés au swing, sont devenus instantanément de véritables "mordus" du golf ! Comment expliquer cette adhésion soudaine et irréversible dès le premier envol de la balle ? Cette passion semble échapper à toute explication rationnelle. Comme si les brumes magiques de l'Ecosse - où le golf prit son essor - s'amusaient à dissimuler les causes de ce mystérieux envoûtement !

Les débutants décrivent avec délice la trajectoire de la balle qu'ils viennent de frapper. Lancée à pleine vitesse dans l'azur, la balle semble s'immobiliser un instant à son apogée. La voilà piquant déjà vers le sol, où après quelques rebonds sur l'herbe moelleuse, elle s'immobilise tout près du drapeau visé. La scène ne dure que quelques secondes, dans un silence irréel. "Alors, disent-ils, un peu comme dans un rêve, on vole. C'est un peu soi-même qu'on a projeté dans l'espace."

De tels coups (toujours exceptionnels chez les débutants) sont vécus comme un parfait moment de perfection. Aussi fugitifs que le bonheur, ils appellent la répétition.

Des joueurs plus confirmés parlent du plaisir intellectuel éprouvé à échafauder des stratégies qui tiennent compte à la fois de leurs compétences et de l'environnement pour produire le juste coup. La brève attente, pour vérifier la validité du plan envisagé, crée une intense jubilation intérieure, analogue à celle du joueur d'échecs qui, poussant sa pièce sur l'échiquier, s'entend dire "échec et mat !"

D'autres évoquent la recherche méticuleuse d'un geste parfait, dans une méditation proche de la philosophie "zen". La perfection du swing est alors de l'ordre de l'illumination. Comme si les traditions d'Extrême-Orient et d'Occident se rejoignaient le temps d'un dix-huit trous !

Bien entendu, pour beaucoup, la passion du golf est liée à leur goût pour la compétition, qui, dans ce sport, est poussée à l'extrême.

Les compétitions professionnelles se déroulent durant quatre jours consécutifs sur un même parcours joué une fois par jour. Le vainqueur est celui qui aura obtenu le meilleur score à la fin des quatre journées. La place réservée au hasard ou à la chance est pratiquement réduite à néant. Seules les qualités des compétiteurs décident de la victoire. Il n'est jamais désigné qu'un seul vainqueur. Stress maximum, c'est de la compétition à l'état pur.

Heureusement on peut tout aussi valablement jouer au golf pour le simple plaisir du jeu, celui de partager son temps avec d'autres, juste pour le plaisir d'être en société.

D'autres golfeurs enfin parlent du plaisir esthétique qu'ils éprouvent sur le parcours. Un plaisir esthétique qui n'est pas seulement lié à la beauté des lieux et à leur aménagement, mais aussi (surtout ?) à leur participation de fait à la création d'une œuvre éphémère.

On le constate, il y a de multiples entrées pour comprendre la passion qui anime les golfeurs, qui explique leur attachement à cette activité physique et son développement exemplaire.

En France, son succès est certainement lié à sa popularisation par les médias. La télévision offre désormais des images magnifiques des compétitions majeures. Les jeux vidéo ont rendu familier un univers resté longtemps méconnu. La Fédération française de Golf a su rénover son image de marque et encourager la pratique auprès des jeunes notamment. En France, le golf est aujourd'hui devenu réellement une activité physique pour tous, jeunes ou plus anciens, hommes ou femmes. Toutefois, les raisons essentielles de son succès tiennent à l'universalité de l'activité elle-même. Car le Golf recouvre une réalité plurielle : il est tout à la fois un sport, un divertissement, un jeu et un délassement.

LE GOLF EST UN SPORT

Pour la sociologie du sport, le sport est un système de pratiques compétitives, codifiées, réglées par convention, qui a pour objectif de

Tiger Woods : un golf spectaculaire (Ryder's Cup 99).

désigner un champion. Le sport est organisé pour produire le meilleur rendement corporel. Tout repose alors sur l'idée et la volonté de perfectionnement des techniques corporelles pour être LE meilleur. Le sport est dans la logique du travail.

Dans la sphère sportive, le golf s'adresse à tous ceux qui sont aptes, préparés et motivés par et pour la production de performances.

LE GOLF EST UN DIVERTISSEMENT

Car le Golf est aussi un spectacle. Pratiqué par des professionnels, dont les exploits sont relayés par la télévision, la presse, il génère une économie de produits dérivés. A cet égard, il est pour les consommateurs un divertissement au plein sens du terme. C'est-à-dire un moyen de se détourner de la réalité et de ce que l'on est pour tenter d'être heureux. Comme le pensait PASCAL : “La seule chose qui nous console de nos misères c'est le divertissement, et cependant c'est la plus grande de nos misères.”

LE GOLF EST UN JEU

Si le sport relève du travail, le jeu relève du loisir. C'est une activité qui n'a d'autre fin qu'elle-même. Le jeu repose avant tout sur le plaisir et n'a d'autre but que celui-ci.

Ce peut être ainsi le plaisir de vaincre un obstacle, mais un obstacle arbitraire, à la mesure du joueur. Si le jeu suppose la volonté de gagner comme le note Roger CAILLOIS, il exige aussi bien plus : “D'accepter d'avance l'échec éventuel, la malchance, consentir à la défaite sans colère ni désespoir” (“Les jeux et les hommes”).

LE GOLF EST UN DÉLASSEMENT

L'aristocratie britannique n'a guère investi le golf sur le mode compétitif, et encore moins sur le mode du divertissement. Longtemps et encore aujourd'hui, le Golf est perçu comme un délassement, au vrai sens du terme. “Le golf est la plus délicieuse façon de s'ennuyer” disait-on à l'époque victorienne. Le Golf pour lutter contre la lassitude des soucis quotidiens. Voilà une thérapie toujours d'actualité.

Bien entendu, c'est l'aspect sportif qui aujourd'hui tend à devenir hégémonique. Cependant, le golf conserve son aspect ludique, sa logique de plaisir qui a droit de cité sur les parcours. Près de la moitié (46% en 2000) des licenciés à la Fédération française de Golf ne participent jamais aux compétitions. C'est dans cette diversité d'approches et de pratiques, dans cette liberté, que réside le succès du golf auprès d'un public toujours plus nombreux.

Il existe d'autres spécificités du golf. L'une d'entre elles mérite qu'on s'y attarde un instant pour son originalité : contrairement à la plupart

des sports, le Golf ne fonctionne pas sur le modèle du progrès linéaire et infini. Le Golf est un monde fini, comme notre planète.

En sport, c'est essentiellement le record qui importe et qui définit la qualité de la prestation de l'athlète. Par définition, le record n'a pas de limite. Rien n'empêche d'imaginer qu'un jour on ira plus vite, plus haut, plus loin.

En Golf, c'est proprement impossible. L'écrivain britannique Julian BARNES en fait une amusante démonstration dans son roman : "Une histoire du monde en dix chapitres et demi".

Arrivé au paradis, Julian peut enfin s'adonner librement tous les matins à sa passion : le golf. Chaque jour, selon son humeur, il joue un parcours différent. Ses performances s'améliorent régulièrement. Son score baisse. Il joue bientôt le PAR, puis descend régulièrement en dessous. Il réussit des trous en un coup, et un jour, il joue un parcours de dix-huit trous en... dix-huit coups ! Alors toute la vanité de sa démarche se révèle à lui. Il sait maintenant que jamais il ne pourra jouer un dix-huit trous en... dix-sept coups ! Le paradis devient l'enfer.

Autrement dit, en Golf, il n'y a pas d'injonction absolue au progrès. Chacun est en mesure de conserver un certain recul par rapport à ses prestations. C'est ce qui explique certainement l'atmosphère conviviale et détendue qui règne sur les parcours. Chacun se souvenant parfaitement de la difficulté de ses débuts, les "grosses têtes " y sont dérisoires. L'humour qui permet de si bien relativiser les choses, est toujours présent.

Ainsi, sur le parcours de l'"Aigle" du Golf National (GUYANCOURT 78) - golf public ouvert à tous -, à un joueur débutant qui prenait son premier départ et qui, impressionné par la présence de spectateurs, murmura : "Je sens que je vais être ridicule", Philippe MARTIN, Président de la Fédération française de Golf, présent ce jour-là, aurait répondu : "Au golf le ridicule ne tue pas. La preuve : nous étions 40 000 en 1970, nous sommes 280 000 licenciés aujourd'hui !"

2

Histoires de golf

L'Histoire du golf est plurielle. Elle décrit les origines et l'évolution du jeu, sa diffusion et son organisation dans le monde. Elle aborde aussi les progrès réalisés dans les techniques tout autant que les changements intervenus dans le matériel utilisé, le tracé des terrains ou encore la mode vestimentaire. En s'appuyant sur les travaux des historiens, nous n'avons relevé ici que les aspects les plus marquants, les anecdotes les plus pittoresques de cette longue histoire aux facettes multiples.

HISTOIRES D'UN JEU

Les origines

Certains historiens particulièrement friands d'hypothèses hardies, trouvent l'origine du golf chez les Romains.

Un jeu, le paganica, qui se pratiquait avec une balle et une crosse, était très répandu dans les légions romaines. Pour ces auteurs, c'est l'ancêtre du golf.

Paganica, abréviation de "pela paganica" (en latin : "sorte de balle"), désigne dans les textes anciens un jeu où s'affrontaient des villages. Il pourrait s'agir d'un passe-temps beaucoup plus près de la "choule" que du golf, même si l'on y maniait le bâton. Cependant, cette hypothèse fondée sur l'analogie du matériel n'en reste pas moins stimulante pour l'imagination ! Voilà les légions romaines qui, ayant franchi la Manche, remontent très haut vers le Nord, jusqu'aux confins de l'Ecosse.

Là, elles se heurtent à la résistance farouche des autochtones : les Pictes. Arrêtés dans leur avance, les Romains établissent des campements. Comme il faut bien tromper le morne ennui de la vie de garnison, les légionnaires, perdus aux frontières septentrionales de l'Empire, jouent au paganica.

Dans cette région, à FORTINGALE, naît un Romain, un certain Ponce PILATE.

On sait la passion dévorante du jeu qui travaille tout golfeur. Cependant, on espère que ce n'est pas pour une partie de paganica que ce Ponce Pilate allait bientôt, sous d'autres cieux, clore un procès fameux, au prétexte fallacieux d'un urgent besoin d'aller se laver les mains ! Le golf aurait-il changé l'histoire du Monde ?

Une autre hypothèse, tout aussi originale, fait naître le golf de l'imagination de quelques bergers las de la vacuité de leurs pérégrinations sur la lande écossaise. Cette version toute bucolique correspond à cette sensibilité écologique aujourd'hui en plein développement et à ce désir très contemporain de "retour à la terre" : les bergers grecs ont inventé la philosophie, les bergers écossais : le golf !

Plus sûrement, l'histoire du golf pourrait bien débuter au XIVe siècle. On a retrouvé un golfeur figuré sur un vitrail de la cathédrale de GLOUCESTER. Ce vitrail, situé dans l'aile "est", représente la victoire d'EDWARD III sur Philippe de VALOIS à CRECY en 1346. Un peu à l'écart

des guerriers, un petit personnage, un Ecossais ? , joue au Golf ! Comme si l'artiste avait voulu dire que la bataille avait été si facile pour les Anglais, qu'ils avaient même eu le temps de faire un dix-huit trous ! Ah ! Perfide ALBION ! ...

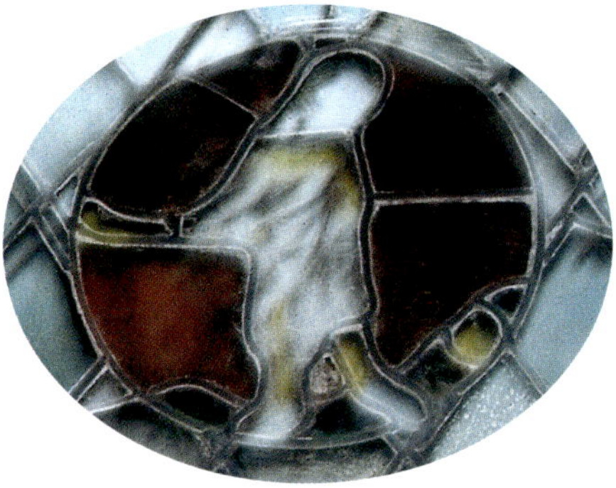

"The Golfer"
Détail du vitrail de la Cathédrale de GLOUCESTER (ANGLETERRE) milieu du XIVe.

En 1413, le mot "Golf" apparaît pour la première fois dans un compte rendu de l'université de St ANDREWS créée un an auparavant.

Dès le XIVe siècle, les relations économiques et sociales sont dominées par la Hollande voisine. C'est la Hollande qui fait la mode en Ecosse. Aussi, certainement dérivé d'un jeu hollandais, le Colf (de l'allemand "Kolve" : bâton), le golf naît sur la côte est de l'ECOSSE entre les estuaires du FORTH et de la TAY, dans la province du FIFE. Cette région, avec ses ports tournés vers le continent, son arrière-pays fertile propice à l'agriculture et à l'élevage, son centre culturel de première importance rassemblé autour de la ville de St ANDREWS (premier évêché, première université), sa capitale royale d'EDIMBOURG, est au début du XVe siècle la contrée la plus dynamique et la plus riche de tout le royaume. Riche surtout de ses **links**.

Un **link** (en fr. : lien) est une bande de terrains côtiers, plutôt sablonneux, intercalée entre les terres cultivables et la mer.

C'est dans ces petites dunes que se développe le golf, pratiqué par toute une population au niveau de vie bien supérieur au reste du pays, vérifiant par là l'affirmation de Roger CAILLOIS : "Qui a faim ne joue pas" ! (Op. Cit.).

C'est dans ce contexte que le golf prend son essor, et ce malgré les nombreuses interdictions royales dont il fera l'objet (1457,1471). La population semble bien délaisser l'entraînement militaire au tir à l'arc pour le golf, plus ludique et plus rémunérateur, car on y joue de l'argent.

La passion du golf gagne bientôt la famille royale des STUART. En 1502, les comptes des finances royales font état de l'achat de clubs de golf à PERTH par Jacques IV. On y retrouve aussi de 1503 à 1506 des sommes versées par ce même Jacques IV au Comte de BOTHWELL pour régler des dettes de jeu contractées au cours de parties de golf. Lors de son procès, on reprochera à Marie STUART, petite-fille de Jacques IV et première joueuse de golf attestée, de s'être adonnée à sa passion pour la petite balle trois jours seulement après la mort de son mari. En 1603, Jacques VI STUART désigne William MAYNE, un fabricant de clubs de golf, comme fournisseur officiel de la Cour. Ce label prestigieux sera accordé en 1618 à James MELVILL pour ses balles de golf.

Le golf est désormais légal. Le roi encourage même sa pratique le dimanche, en dehors néanmoins des heures d'offices religieux. A la fin du XVIIe siècle (1688), la dynastie des STUART est évincée du pouvoir par la famille d'ORANGE.

La fraction la plus instruite et la plus éclairée de l'Ecosse se regroupe alors en cercles, associations et loges pour la restauration de Charles-Edouard STUART. Pour ces "gentlemen" le golf représente une composante culturelle de leur combat, un "art de vivre". Aussi vont-ils s'attacher à organiser et à développer sa pratique, en parallèle à leurs activités spéculatives et politiques.

Naissance du golf moderne

Jusque-là le golf se pratiquait sur les links, dans une joyeuse pagaille, sans règles précises. Les links étaient des espaces publics, comme ils le sont encore aujourd'hui pour bon nombre d'entre eux. On s'y promenait, on y faisait sécher le linge. On s'y entraînait au tir à l'arc et on y jouait au "futeball". Pour pratiquer le golf dans de bonnes conditions, la présence de **caddies** s'impose rapidement. Les caddies non seulement portent les clubs, mais surtout ils préviennent et écartent les promeneurs.

Le terme **caddie** vient du français : "cadet". Certains auteurs attribuent l'origine de ce mot aux "cadets de la marine française" qui trouvaient là un moyen de se faire quelque argent tandis que leurs vaisseaux relâchaient dans les ports écossais.

Pour d'autres, la reine d'ECOSSE Marie de GUISE, mère de Marie STUART, s'était entourée de militaires et de fonctionnaires français pour administrer le pays. Ces "cadets" seraient plutôt les puînés des familles nobles françaises qui venaient à la cour écossaise faire leur apprentissage d'officier.

Difficile de trancher entre la Marine et l'armée de Terre. Néanmoins, il est remarquable que le "caddie" naisse sur les links, cette "liaison" entre la terre et la mer !

Après trois siècles de pratique libertaire, le golf acquiert une existence institutionnelle, se structure et se constitue en pratique sportive. En 1744, quelques golfeurs se regroupent en une société qu'ils nomment en toute simplicité "l'Honorable Compagnie des Golfeurs d'EDIMBOURG". Ils édictent les premières règles, organisent la première compétition, décernent le premier trophée (un club en argent) et le premier titre de l'histoire du golf : "Capitaine du golf".

Ce titre n'est plus décerné aujourd'hui en Ecosse qu'au président des clubs. Pour autant, sur tous les parkings des club-houses, une place marquée "CAPTAIN" est réservée au véhicule de ce V.I.P.

En 1754, naît la Société des Golfeurs de St ANDREWS qui reprend les règles, les améliore et les complète. Presque un siècle plus tard, le roi Guillaume IX accorde à cette société l'appellation prestigieuse de "Royal and Ancient Golf Club of St ANDREWS". St ANDREWS est bien le centre à partir duquel s'organise et se diffuse la pratique du golf. D'abord en ECOSSE où les clubs se multiplient, pour atteindre la côte ouest avec la fondation en 1787 du GLASGOW Golf Club. Puis en ANGLETERRE et peu à peu dans le monde entier.

Son expansion est consécutive à celle de l'empire britannique. Les nombreux soldats écossais en propagent la pratique lors des campagnes impériales. Ainsi, ce sont des officiers écossais qui implantent le jeu en FRANCE. L'armée de WELLINGTON, après la déroute napoléonienne de 1815, s'installe sur les rives du gave de PAU (Pyrénées). Quelque quarante années plus tard, à l'instigation de Lord HAMILTON, représentant de la petite colonie britannique toujours en place, le golf de PAU est créé. C'est le premier golf continental. Il existe toujours et mérite le détour !

L'empire britannique s'accroît. La pratique du golf s'étend. On crée des clubs aux INDES, en AUSTRALIE, en NOUVELLE-ZÉLANDE, aux Amériques, etc. Le Royal & Ancient de St ANDREWS édicte les règlements, reconnaît les compétitions, règne bientôt sur la pratique sportive du golf sur toute la planète... sauf aux ETATS-UNIS.

Dès 1834, ceux-ci ont fondé leur propre organisme directeur, l'U.S.G.A., (United States Golf Association) pour contrer et contester la suprématie britannique.

Il faudra attendre 1951 pour que ces deux associations fédèrent leurs efforts et parviennent à une codification commune.

Ces deux organismes sont toujours indépendants, mais se retrouvent tous les trois ans pour adapter et définir les nouveaux règlements.

En dehors du problème de la dimension des balles, sur lequel nous reviendrons plus loin, le dernier débat à avoir opposé le Royal & Ancient à l'U.S.G.A. remonte à 1987. Cette année-là, le Royal & Ancient a

informatisé le classement mondial des joueurs. Les compétitions de golf se déroulent simultanément toute l'année sur toute la planète, sans réelle coordination, puisqu'il n'existe pas de Fédération Internationale de golf. Le programme informatique permet d'enregistrer les résultats des tournois qui se déroulent sur quatre jours (du jeudi au dimanche), sur les cinq continents. Les informations sont traitées à LONDRES où chaque lundi le nouveau classement est publié.

Il faudra cependant trois ans à l'U.S.G.A. pour être convaincue par les performances du système et finalement le reconnaître. Un pas de plus était franchi vers l'unification internationale de l'organisation du golf.

Aujourd'hui, l'histoire du golf se confond peu ou prou avec l'histoire du golf professionnel.

L'Association des Golfeurs Professionnels (P.G.A.), créée en 1901, organise à l'ombre du R & A et de l'U.S.G.A., différents circuits de compétitions pour les Professionnels. On distingue le circuit européen, avec l'Open Britannique et l'Open de FRANCE, le circuit américain avec sa cinquantaine de tournois dont l'U. S. Masters, l'U. S. Open, le championnat américain de l'U.S.G.A., le circuit d'Australasie avec l'Open d'AUSTRALIE et l'Open de NOUVELLE-ZELANDE, le circuit africain, le circuit d'Amérique du Sud, etc.

Quatre championnats dits "tournois majeurs" constituent ce qu'on appelle le "Grand Chelem" : l'U.S. Open, l'U.S. Masters, le championnat U.S.P.G.A. et l'Open britannique. En remportant à St ANDREWS l'Open de Grande Bretagne de l'an 2000, Tiger WOODS a égalé la performance de Ben HOGAN. Ce dernier avait en 1953 réalisé le "petit chelem" (trois épreuves sur les quatre). Le siècle finit sur une performance d'exception. Pourtant, le "Grand Chelem" attendra le 3e millénaire !

Il existe aussi depuis 1950 une Association de Golf Professionnel Féminin (L.P.G.A.) qui organise sur le même schéma (circuits continentaux) les compétitions féminines.

HISTOIRES D'UNE BALLE

On s'est souvent plu à imaginer que les premières balles de golf étaient en pierre. Peut-être..., mais plus sûrement, dès 1425, on utilisait des boules en bois tourné que l'on faisait venir de HOLLANDE. Elles furent rapidement remplacées par des balles en cuir bourrées de crin de vache (1430). Connaissant à la fois les conditions climatiques de l'ECOSSE (plutôt humides !) et la nature du sol des links (particulièrement sablonneux), on reste perplexe quant à la longévité de ces balles.

C'est en 1618 que fut inventée la balle en plumes, dite "feathery" (de feather : plume). Cette balle allait régner sur le golf pendant près de trois cents ans. Il s'agissait d'une petite sphère de cuir bourrée de plumes bouillies de canard. Trois petites pièces de cuir étaient cousues ensemble avec un fil enduit de cire. Par un petit trou, de la taille d'une tête d'épingle, on introduisait les plumes préalablement bouillies. Elles gonflaient en séchant pour donner à la balle sa consistance et sa forme. Cette balle n'était pourtant pas sans inconvénient. Sous l'impact des clubs, elle éclatait souvent, répandant ses plumes à tous vents. Son coût élevé, car longue à fabriquer (un artisan en réalisait quatre à cinq par jour), contribua, au même titre que la structuration des joueurs en sociétés fermées, à écarter du golf les classes populaires.

Aussi, fallut-il attendre l'année 1845 pour assister à ce qu'il est convenu d'appeler la première démocratisation du golf, grâce à l'invention de la balle en gutta-percha, la "gutty".

Le gutta-percha est un mélange de résines de diverses essences de type caoutchouc poussant en MALAISIE.

Facilement modelable à chaud, ce latex se solidifie et prend toutes ses qualités élastiques en refroidissant. A l'époque, la très britannique Compagnie des Indes utilisait cette gomme pour protéger ses cargaisons maritimes. On raconte que l'utilisation de la gutta-percha pour confectionner des balles est née de l'imagination d'enfants de

St ANDREWS qui jouaient avec un emballage tombé d'un bateau venant de SINGAPOUR. On raconte aussi que cette invention est le produit du cerveau génial du Pasteur Robert ADAMS PATTERSON . Quoi qu'il en soit cette nouvelle balle six fois moins chère et bien plus solide que la balle de plumes, envoyait la fameuse "feathery" au musée et rendait moins coûteuse la pratique du golf.

La production de masse des "gutties", par la technique du moulage, entraîna la fixation de normes en matière de taille et de masse. La balle était devenue parfaitement sphérique, améliorant ainsi ses qualités de roulement.

On comprit alors très vite qu'en striant la surface de la balle (ce que faisaient les caddies avec un couteau), on augmentait de façon significative la longueur de sa trajectoire.

Cette intuition est à l'origine des alvéoles qui décorent encore de nos jours l'enveloppe des balles de golf.

Lorsque la balle est en vol, elle est animée d'un mouvement de rotation résultant de la frappe du club et de la résistance de l'air qu'elle rencontre.

Au cours de cette rotation, les alvéoles échauffent l'air proche environnant, ce qui facilite la pénétration de la balle. La distance parcourue est ainsi allongée de 30 % environ par rapport aux performances d'une balle lisse.

L'archétype de la balle moderne est inventé en 1898 par l'américain Coburn HASKELL. Il s'agit essentiellement d'un perfectionnement dérivé de la fabrication de la balle de base-ball.

Un noyau dur (bille de verre, d'acier...) enveloppé de caoutchouc est recouvert d'un fil élastique de trente mètres, étiré jusqu'à trois cents mètres. Son extrémité finale a alors l'épaisseur d'un cheveu. Une coque protectrice moulée, alvéolée et peinte recouvre le tout.

Les aménagements postérieurs apportés à cette balle concerneront la qualité du noyau, le taux de compression, la coque protectrice, la répartition et le nombre d'alvéoles. La conception de base

des balles modernes n'a finalement que peu évolué depuis le début du siècle.

A présent, toutes les balles en vente sur le marché doivent être homologuées. Elles sont très sévèrement testées, contrôlées et agréées par les laboratoires d'essais du Royal & Ancient de St ANDREWS, seuls habilités à procéder à cette homologation.

Les normes sont d'une précision extrême. Une balle doit peser 1,62 onces soit 45,93 grammes. Son diamètre mesure 1,62 inches soit 42,67 millimètres. Il aura fallu attendre la deuxième partie du XXe siècle pour que les Américains et les Britanniques s'accordent sur la taille de la balle. Sa forme est parfaitement sphérique. Ses performances sont normalisées : frappée par un appareil adéquat à 56 m.p.h. (mile per hour) soit 90 km/h, la vitesse initiale de la balle ne peut dépasser 250 pieds/seconde soit 76,2 m/s. La distance moyenne franchie en portée et distance roulée ne peut être supérieure à 280 yards (256 mètres). Toutes les expériences doivent se dérouler à une température ambiante de 23 °C, etc.

Proprement hallucinant ! s'esclafferont les Béotiens. Toutefois, tant d'attentions portées à cette petite balle révèlent l'importance que les gardiens de la Tradition attachent au principe progressiste d'égalité des chances. Ce paradoxe entre progrès et tradition traverse en permanence l'activité et lui procure son charme.

HISTOIRES DE CLUBS

Du tout bois... au tout composite en passant par le tout métal. Voilà résumée en quelques mots l'histoire de l'évolution des clubs. La première évolution sensible, le passage du bois au métal, s'articule autour de l'apparition de la balle en gutta-percha, la "gutty".

Avant la "gutty", les balles de cuir et de plumes sont si fragiles que tous les clubs sont en bois.

Une exception, cependant, un club à tête métal, dont la face creusée comme une louche permet de sortir la balle de situations désespérées. Par leur forme singulière, on appelle ces clubs en bois, des “long nose” (trad. : long nez).

Ils sont constitués d'une tête plate et allongée, taillée dans des bois fruitiers. Une encoche pratiquée à l'extrémité permet d'y fixer un long manche à l'aide d'un fil de cuir, le “whipping”. Ce manche est confectionné en Hickory, un genre de noyer importé d'Outre-Atlantique. Les fibres très serrées de ce bois lui confèrent des qualités de solidité et de résistance exceptionnelles.

L'hickory est abandonné dans les années 1930 au profit du métal. Pour la fabrication des têtes de clubs, on préfère le Persimmon, un arbre d'Amérique, une espèce d'ébénier très présent en VIRGINIE.

Au XIXe siècle, l'introduction de la “gutty”, cette nouvelle balle dotée d'une grande solidité et d'un bon roulement, permet la réduction de la longueur des manches. Il n'est plus nécessaire de cueillir la balle. Seuls les coups frappés sont désormais autorisés. Les clubs à faces concaves disparaissent. Tandis qu'apparaît le “**putter**”, ce club à face verticale et lisse, utilisé sur les greens pour faire rouler la balle vers le trou.

Les clubs se répartissent peu à peu en deux grandes catégories aux fonctions spécifiques, qui peuvent se résumer sommairement ainsi : les **bois** (clubs les plus longs à tête de bois) pour la recherche de distance, les **fers** (clubs les plus courts à tête de métal) pour la recherche de précision.

La société industrielle du XIXe siècle est tout entière occupée à la rationalisation de la production par la spécialisation des tâches.

Dans cette logique, les fabricants de matériel de golf s'orientent vers la recherche de solutions techniques aux problèmes que tout golfeur est susceptible de rencontrer au cours d'une partie. Pour ce faire, ils créent des formes de club adaptées à chaque situation particulière.

La règle limite à 14 (putter inclus) le nombre de clubs que chaque joueur est autorisé à emporter sur le parcours.

Les clubs deviennent si nombreux (jusqu'à vingt-cinq par joueur !) que les caddies ne peuvent bientôt plus les porter dans les bras comme le voulait la coutume ! A partir de 1879, on commence à utiliser pour ce faire des sacs de golf.

Bientôt le Royal & Ancient édicte la règle qui limite à quatorze (putter inclus) le nombre de clubs que chaque joueur est autorisé à emporter sur le parcours lors d'une compétition.

Tous les constructeurs vont alors travailler sur le concept de "**série**". Une série est un ensemble cohérent de clubs, composé de bois et de fers.

Quel que soit le club appartenant à une même série, du plus long au plus court, les caractéristiques mécaniques, comme la répartition des masses, la flexibilité, le moment d'inertie, etc. sont identiques.

C'est dans une même série que chaque joueur choisit treize clubs au maximum (auxquels il ajoute un putter) selon ses capacités et le type de parcours qu'il doit affronter. Jusqu'à l'apparition des séries, chaque club avait sa personnalité propre. Il portait un nom représentatif de la fonction à la fois imaginaire et réelle à laquelle il était destiné.

Voici traduit en langage actuel ce que ces noms évoquaient à l'époque pour les joueurs.

Parmi les bois, il y avait, du plus long au plus court :

Le "driver" : celui-qui-trace-la-route
Le "brassie" : le culotté
Le "spoon" : la cuillère
Le "cleek" : le puissant
Le "baffy" : celui qui décoiffe.

Parmi les fers on trouvait :

Les "mashies" : les broyeurs
Les "niblicks" : les grignoteurs de terrain.

Seuls quelques noms, les plus évocateurs d'entre eux, ont subsisté, comme le "**driver**" ou les "**wedges**" (trad. : coin, utilisé pour faire sauter des éclats de bois ou de pierre) et bien sûr le "putter" (qui permet de "**put in**" sous-entendu, de mettre la balle dedans).

Les autres clubs n'ont plus de noms aujourd'hui et sont désignés par un numéro, plus en accord avec la conception moderne et techniciste du matériel.

Les caractéristiques des clubs sont définies par le règlement officiel du Royal & Ancient aussi précisément que celles des balles !

Aussi, n'est-il pas surprenant que depuis les années trente, où les manches en métal ont définitivement supplanté les manches d'hickory, peu de modifications ont été apportées à la fabrication des clubs.

Essentiellement, il s'agit de la diversification dans le choix des matériaux entrant dans la composition des manches ou des têtes de clubs (fibres de verre, carbone, titane...). Ces dernières années ont vu la disparition progressive des bois Persimmon pour des clubs à tête de métal, bientôt remplacées par des têtes surdimensionnées réalisées en matériaux composites. Ces clubs gardent cependant leur dénomination première de "bois".

Trois générations de Bois. En arrière un vrai Bois avec son whipping noir. Au centre un Bois métal. Au premier plan un Bois moderne, avec sa tête surdimensionnée.

La confection des "**grips**" (partie supérieure du manche par laquelle le club est tenu en mains) a été notablement améliorée par l'utilisation de matériaux plus adhérents que le cuir jusqu'ici employé.

Il faut mentionner aussi les perfectionnements apportés à la forme de la semelle du club (partie du club qui repose sur le sol lorsqu'on le tient en mains devant soi). Un meilleur profilage facilite la pénétration du club sous la balle.

Les fers à semelles très étroites, appelés d'une façon très imagée "lames", font place maintenant à des fers aux semelles plus larges, plus confortables et plus faciles à jouer.

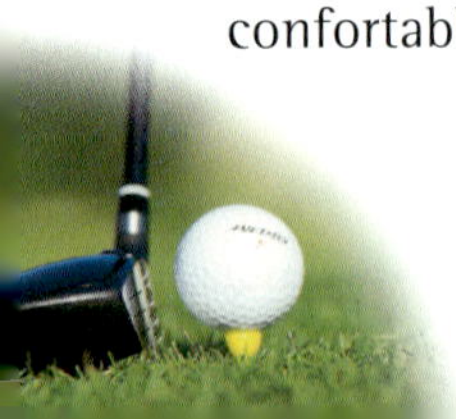

HISTOIRES DE PARCOURS

Au commencement étaient donc les "links", et longtemps il n'y eut que les links. Pas d'architecte pour dessiner les parcours, la nature seule était maître d'œuvre.

Pas de "**greenkeeper**" (employé à l'entretien des parcours), mais des moutons qui paissaient sur ces terres communales et tondaient parfaitement et à peu de frais l'espace de jeu. Les moutons construisaient aussi les bunkers, lorsqu'ils s'enfouissaient dans les dunes pour ruminer tranquillement à l'abri du vent et de la pluie.

Pas de green non plus, ni de drapeaux. Les caddies creusaient un trou, "à un endroit", qu'ils signalaient en plantant une plume à proximité.

Encore moins de tertres de départ. On prenait un nouveau départ à une distance d'un club au moins du trou précédent. On s'autorisait alors, pour le premier coup, à surélever sa balle sur un petit monticule de sable. Les gravures de l'époque montrent des caddies qui portent en bandoulière de petits sacs de cuir remplis de sable. Le nombre de trous que comportaient les parcours n'était pas standardisé. Les links d'ECOSSE de LEITH comportaient cinq trous, ceux de MUSSELBURGH et d'ABERDEEN sept, celui de PERTH douze, etc. A St ANDREWS il y avait onze trous que l'on jouait dans un sens ("**out** going") puis dans l'autre ("**in** coming").

En souvenir de ces temps héroïques, on continue, sur les cartes de scores, de rassembler les neuf premiers trous d'un parcours sous l'appellation "out" et les neuf derniers sous celle de "in".

Aux environs de 1830, on dédouble à St ANDREWS les onze trous. Des drapeaux blancs signalent les onze trous "OUT", et des drapeaux rouges les onze trous "IN".

Certains avancent que pour d'obscures raisons immobilières (déjà !), le parcours fut bientôt amputé de quatre de ses trous. Le dix-huit trous standard était né et allait devenir la règle pour tous les parcours. Cependant, il existe toujours de très nombreux neuf trous ... que l'on joue deux fois.

De fait, l'uniformisation des parcours est le résultat d'une conjonction dans un temps très court (fin du XIXe siècle, début du XXe) de plusieurs facteurs.

L'hégémonie des membres du Royal & Ancient sur la codification du jeu et sa mutation en sport, impose le dix-huit trous de St ANDREWS comme référence universelle.

Les progrès dans la mécanisation de l'agriculture favorisent la construction de parcours dans les terres ("**inland**" en opposition aux "links" des bords de mer). Les qualités de roulement de l'incontournable "gutty" entraînent la création des "**greens**" tels que nous les connaissons aujourd'hui.

On assiste alors à la standardisation des aires de **départ.** Celles-ci sont définitivement délimitées et normalisées dans leur forme de tertre parfaitement plat.

Les boîtes à sable disposées à chaque départ et qui avaient remplacé les petits sacs des caddies disparaissent à leur tour. Pour surélever la balle, on utilise à présent un support de bois en forme de "T", appelé "**tee**" par similitude avec la façon anglaise de prononcer la lettre "t".

La longueur des trous fait l'objet d'une normalisation (Par 3, 4 ou 5, cf p. 40).

A la fin du XIXe siècle, l'admiration portée à la nature est l'un des traits dominants de la société victorienne alors triomphante. Les golfs se multiplient. De plus en plus on fait appel à des architectes pour concevoir les parcours. En accord avec la sensibilité de l'époque, ceux-ci sont conduits à intégrer les parcours de golf dans leur environnement, ou parfois à réinventer la nature telle que la société britannique l'idéalise.

Au moment où l'on normalise de façon géométrique les espaces de jeu (football, rugby, pistes de courses, etc.), le terrain de golf glorifie la nature. Il exalte l'union harmonieuse de l'homme avec son environnement.

D'abord domaine réservé des paysagistes, la construction des golfs est aujourd'hui confiée à l'expérience d'anciens champions.

On distingue quatre grandes tendances architecturales dans la conception des parcours :

- *L'architecture "naturelle" où l'espace ne fait l'objet d'aucun aménagement à l'exception des départs et des greens. Le parcours épouse au plus près la nature. On trouve dans cette catégorie à la fois les links les plus anciens et les nouveaux golfs dits "rustiques".*
- *L'architecture "sportive" qui crée des golfs nécessitant une grande précision. Tout écart de la balle de la trajectoire idéale imaginée par l'architecte, conduit à des scores catastrophiques. Roughs, bunkers, rangées d'arbres, etc. sanctionnent immédiatement les coups imparfaits.*
- *L'architecture "spectaculaire" toujours flatteuse. Les greens sont situés sur une île, au sommet d'une colline ou au bord d'une falaise. Ces trous appellent l'exploit.*
- *L'architecture "ludique" : plusieurs trajectoires sont possibles pour atteindre le drapeau. On fait appel au raisonnement du joueur qui doit jouer le coup juste en fonction, non plus d'une trajectoire idéale, mais de ses capacités et compétences.*

Ces différentes conceptions sont souvent présentes dans des proportions variées sur un même parcours.

En revanche, chaque terrain de golf possède son caractère propre et sa personnalité. Ce n'est pas le moindre attrait du golf que de proposer aux pratiquants une importante variété d'espaces de jeu, tous différents les uns des autres.

Le dessin des nouveaux parcours dira certainement la conception que notre société a de la nature. Ira-t-on vers une chosification totale de l'espace, façon Disney Land, avec la création de greens synthétiques ? Ou vers des interventions minimalistes sur le milieu naturel ?

L'avenir réside sans doute quelque part entre ces deux tendances extrêmes. Il serait souhaitable qu'en la matière, universalité ne se confonde pas avec uniformité mais rime avec pluralité.

D'AUTRES HISTOIRES ENCORE...

Dans ce vaste champ de l'histoire du golf, il existe encore bien d'autres domaines qui méritent attention.

Pour clore ce chapitre, nous évoquerons rapidement deux dimensions étroitement liées entre elles, qui constituent un apport original à la connaissance et à la compréhension du golf tel qu'il est pratiqué de nos jours. Il s'agit de l'histoire de la technique et de celle du costume.

Dès 1780, les membres des clubs de golf revêtent un uniforme pour participer aux compétitions. Il est constitué d'une veste à boutons dorés et d'une casquette. La veste est généralement rouge, bien que certains clubs lui préfèrent le vert ou le gris. La casquette est assortie. La cravate ou le nœud papillon sont de rigueur. Le non-respect du port de l'uniforme entraîne la disqualification et la mise à l'amende du joueur.

Actuellement, la remise d'une veste verte au vainqueur du "Masters" (compétition U. S.) est le dernier témoignage de cette ancienne tradition.

Cette obligation de l'uniforme fut sans aucun doute liée à l'influence des militaires présents en grand nombre dans les premiers clubs.

Deux considérations, parmi d'autres, ont guidé leur démarche. D'une part la volonté de distinguer le golf des autres jeux populaires, en conférant aux golfeurs la respectabilité, le sérieux et le prestige par l'uniforme. D'autre part, le sentiment confus de la nécessité "d'être beau" dans un bel espace. L'uniforme est pour les hommes de l'époque synonyme de "beau", et en aucun cas le golfeur, plongé dans une nature glorifiée et policée, ne pouvait arborer une tenue vestimentaire négligée.

Les uniformes ont finalement disparu. Les knickerbockers (les fameux pantalons de golf immortalisés par Tintin) et les pulls jacquards les ont remplacés, avant de laisser la place au triomphe du Sportswear. Pourtant la tradition esthétique perdure. Même sous les chaudes latitudes, on ne pratique pas le golf torse nu ou en maillot de bain : "Tenue correcte exigée" ! Le port du bermuda est toujours interdit en compétition. Les Anglo-Saxons prohibent le port des "jeans" et des "T-shirts"...

Ainsi jusqu'au début du siècle, les golfeurs ont porté des tenues vestimentaires singulièrement inadaptées à l'effort physique. Ce qui n'a pas été, bien entendu, sans conséquences sur la technique du swing.

Certes l'histoire de la technique golfique est d'abord en relation étroite avec l'évolution du matériel. Cependant elle découle aussi du port de vêtements peu confortables qui ont longtemps limité les mouvements des joueurs.

Plusieurs modifications fondamentales du "**swing**" (trad. : balancer. Soit l'ensemble du mouvement exécuté par le golfeur pour frapper la balle) illustrent cette évolution de la technique.

Par exemple : d'un mouvement de "balayage" de la balle, on est passé à une frappe "au travers" de celle-ci.

Les mains, d'abord éloignées l'une de l'autre sur le manche du club, se sont rapprochées jusqu'à se rejoindre (base-ball grip) pour finalement se superposer partiellement ("VARDON grip").

La position du joueur devant la balle avant la frappe, qu'on appelle "**adresse**", s'est aussi modifiée : le placement du corps plutôt face à la cible a fait place à une position du corps franchement face à la balle et décrivant ainsi un angle de 90° avec la cible. C'est dans la transformation de la prise d'élan, du "**back swing**", que l'évolution a été la plus décisive pour l'avènement du swing moderne. Les modifications apportées à la technique s'accélèrent à partir de la sportivisation du jeu. Le souci d'innovation, de mieux faire, supplante le contentement de bien faire, qui reproduit le passé.

Jusqu'à la veille de la seconde guerre mondiale, dans le plus pur et délirant respect de la tradition, le "scottish swing" a été enseigné. La première fois qu'il est fait état de cette technique remonte à.. 1539 !

Le "scottish swing" (déplacement latéral) associe une grande translation du corps à une faible rotation des épaules.

Le "swing moderne", développé par les Américains (Ben HOGAN) dès le début des années cinquante, s'impose en un temps record à tous les golfeurs de la planète. Les termes sont intervertis : il s'agit d'associer une grande rotation des épaules à une faible translation.

La logique voudrait que le swing post-moderne soit la combinaison d'une grande rotation avec une grande translation. Seuls les golfeurs en décideront comme ils décident de leur avenir depuis tant de siècles.

Car, de génération en génération, ils ont su préserver la logique interne de leur passion, par l'élaboration et le respect scrupuleux d'une codification toujours plus sophistiquée destinée à intégrer toutes les évolutions d'un monde en mouvement.

Cette étonnante et singulière continuité du golf n'existe que parce qu'hier comme aujourd'hui ce jeu est d'abord la réponse de citadins à leur nostalgie d'une nature mythifiée.

3

Quelques aspects du golf

LES PARCOURS

On rencontre plusieurs types de terrains de golf. D'abord le parcours "classique", installé sur cinquante à soixante hectares, composé de dix-huit trous d'une longueur totale d'environ 6 000 mètres.

Ensuite, pour des raisons d'économie d'espace, de réduction des coûts de construction et d'entretien, d'autres parcours plus modestes accueillent les joueurs.

Par exemple, les "neuf trous", en tout point identiques aux parcours "classiques", si ce n'est, bien sûr, le nombre de trous.

Les "**compacts**" qui sont des parcours de golf aux dimensions réduites. Pour chaque trou, la distance séparant le départ du drapeau ne dépasse que rarement la centaine de mètres. Le nombre de trous est limité

généralement à neuf (souvent trois à cinq). Ce genre de parcours constitue cependant un excellent lieu d'initiation et d'entraînement. C'est aussi un terrain idéal pour les enfants (moins de dix ans) qui trouvent là un parcours à leurs mesures, adapté à leurs possibilités.

Pour être complet il faut signaler le "**Pitch and Putt**", un jeu fort répandu dans le monde britannique. C'est une forme de golf inventé par les Irlandais vers le milieu des années quarante. La longueur de chaque trou est d'environ soixante-dix mètres. On n'y utilise que deux clubs dont un putter.

Une Fédération, la "Pitch and Putt Union", a vu le jour en 1961. On trouve un "Pitch and Putt" pratiquement dans chaque ville irlandaise.

LE PAR

Néanmoins, ces parcours ont une référence commune : le "**PAR**". Abréviation de l'expression française "par excellence", le "Par" est, par convention, le nombre de coups que le joueur doit réaliser sur un trou pour jouer "par excellence". Pour chacun des trous le nombre de coups est fixé en fonction de la distance qui sépare le départ du drapeau.

Estimant que sur le green le joueur a besoin de deux coups pour entrer sa balle, tous les trous d'un parcours sont classables dans l'une des trois catégories suivantes :

- *PAR 3 jusqu'à 228 m pour les Messieurs et 183 m pour les Dames : le joueur peut envoyer en un seul coup sa balle directement sur le green + deux coups sur le green.*
- *PAR 4 entre 228 m et 434 m chez les Messieurs, de 183 m à 366 m chez les Dames : deux coups pour atteindre le green + deux coups sur le green.*
- *PAR 5 au-delà de 435 m pour les Messieurs et de 367 m pour les Dames : trois coups pour atteindre le green + deux coups sur le green. (Les Par 5 ne dépassent qu'exceptionnellement les 600 m).*

Quand un joueur respecte cet ordre de marche idéal, on dit qu'il joue en "**régulation**".

On a pris l'habitude d'exprimer le score réalisé sur chaque trou en fonction du "Par" qui lui correspond.

S'il a fallu six coups pour réaliser un "Par 3", on a joué +3. Pour un "Par 5" s'il a suffi de quatre coups, on a joué -1.

Des noms spécifiques expriment les scores réalisés sur un trou selon le nombre de coups joués. En dessous du "par", ce sont des noms d'oiseaux. Ce qui en anglais n'est pas péjoratif !

- *"L'**Albatros**" : trou joué en trois coups en dessous du Par (-3).*
- *"L'**Eagle**" (trad. : aigle) : trou joué en deux coups en dessous du Par (-2).*
- *Le "**Birdie**" (trad : petit oiseau) : trou joué en un coup en dessous du Par.*

Puis on abandonne les références ornithologiques.

- *Le "**Bogey**" : trou réalisé en un coup au-dessus du Par (+1). BOGEY était un colonel des Royal Guards (1807-1893). Il fut à l'initiative de la mise en place du Par comme système de classification et de normalisation des trous.*
- *Le "**double Bogey**" : trou réalisé en deux coups au-dessus du Par (+2).*
- *Le "**triple Bogey**" est un score tolérable chez le débutant...et littéralement "innommable" pour un quelconque golfeur moyen (un "duffer" en ang.).*

On parle de "**bogey player**" pour un golfeur qui aura joué un parcours classique (par 72) en quatre-vingt-dix coups environ.

N'oublions pas le "**Hole-in-one**" (trad. : trou en un). C'est le moment inouï et rare où en un coup frappé du départ, la balle entre directement dans le trou. Comme tout ce qui est rare est cher, la tradition exige que de retour au club-house, le joueur offre le champagne à tous les joueurs présents sur le golf ! Heureusement de très sérieuses compagnies d'assurance couvrent aujourd'hui les "frais de bar" pour ce genre d'évènement, à la plus grande satisfaction de tous !

Classiquement, les trous sont ainsi répartis pour un dix-huit trous : quatre Par 3, quatre Par 5 et dix Par 4.

Par addition des Par des dix-huit trous, on obtient le Par du parcours qui est généralement compris entre 68 et 74. Le système est simple, mais imprécis. Car le trou n'est défini que par sa longueur. Or deux parcours ayant le même Par total de 72 par exemple, peuvent se révéler totalement différents dans leurs difficultés. Les performances réalisées sur l'un ou l'autre ne sauraient être comparées. Pour ce faire, on a recours au "**scratch score standard**" (S.S.S.). "**Scratch**" signifie "sans handicap". Le S.S.S est un étalonnage qui permet la comparaison des différents terrains entre eux. De nombreux paramètres sont pris en compte pour sa détermination : longueur du terrain, bien sûr, mais aussi les obstacles, la nature du sol, le vallonnement du terrain, la végétation, etc.

Cette notion de PAR est encore affinée pour les compétitions par le "**Scratch Score du Jour**" (S.S.J.) qui prend en compte les conditions particulières au moment de la compétition : l'état du terrain, les conditions météorologiques, etc.

On verra plus loin, dans les nouvelles modalités d'attribution du handicap, comment ces éléments concourent à l'universalisation du jeu.

LE SCORE

Pour déterminer le score d'un joueur, plusieurs éléments sont pris en considération : les coups, les pénalités, le handicap.

On procède d'abord à l'addition de tous les coups joués pour réaliser les dix-huit trous, sachant qu'on entend par **coup** : tout mouvement intentionnel vers l'avant exécuté avec le club en vue de frapper la balle, que celle-ci ait été déplacée ou non. Cette dernière précision est d'une importance capitale. En golf, tous les coups ne sont peut-être pas bons, mais ils sont tous comptés. Qu'on loupe la balle en l'air ou en terre - "**air shot**" ou "**earth shot**"- on additionne !

Ce nombre est majoré des éventuels points de pénalités infligés au joueur au cours de la partie.

Des pénalités sanctionnent le non-respect des règles - ce qui n'arrive pratiquement jamais ! - et les erreurs de jeu- ce qui arrive souvent ! : balle envoyée en dehors des limites, balle perdue, balle ne pouvant être jouée qu'après avoir été déplacée à la main par le joueur, etc.

NOM :

TROU	1	2	3	4	5	6	7	8	9	TOTAL
PAR	4 / 4	5 / 9	3 / 12	5 / 17	3 / 20	4 / 24	3 / 27	5 / 32	4 / 36	36
BLANC	300	443	125	484	183	400	195	472	365	2967
JAUNE	291	436	119	471	175	390	155	440	352	2829
BLEU	255	378	110	415	160	346	154	427	325	2570
ROUGE	246	368	104	400	152	336	130	417	317	2470
Handicap	6	15	13	10	4	8	5	16	1	

JOUEUR :

MARQUEUR :

HCP : DATE :

10	11	12	13	14	15	16	17	18	TOTAL	TOTAL	SSS
5 / 5	4 / 9	3 / 12	5 / 17	4 / 21	3 / 24	4 / 28	3 / 31	4 / 35	35	71	
450	295	160	470	250	164	320	190	365	2664	5631	69.7
437	281	146	457	243	154	280	184	330	2512	5341	68.5
383	258	136	397	220	132	279	150	310	2265	4835	70
371	246	126	370	205	122	274	144	292	2150	4620	69.2
12	11	3	7	17	14	18	2	9			

	BRUT	HCP :	NET :

Carte de score. Tous les coups ne sont peut-être pas bons, mais ils sont tous comptés !

L'addition des coups et des pénalités constitue le **score brut**. De ce score brut, on retranche le handicap du joueur, pour obtenir son score final, le **score net**. Celui-ci est alors mis en rapport avec le Par du parcours. Si un joueur totalise 84 pour un Par 72, on dira qu'il a joué 12 au-dessus du Par (+12). De la même façon, si le score final est de 68, toujours pour ce même Par de 72, le golfeur aura joué 4 en dessous du Par (-4).

Elément essentiel du golf, le "Par" entre dans la détermination du handicap attribué à tout joueur.

LE HANDICAP

Le **handicap**, qu'on écrit Hcp, donne au golf une originalité qu'on ne retrouve dans aucun autre sport.

Certes, le Handicap est un système de classement des joueurs comme il en existe au tennis. Cependant c'est aussi, lors d'une partie, un élément déterminant pour le calcul du score final.

Donc, le Hcp comme classement, fonctionne sur le principe suivant : tout joueur estimé capable de jouer régulièrement (le) "Par excellence" est doté d'un Hcp de 0. Le joueur débutant reçoit lui un Hcp positif. On est ainsi en présence d'une échelle de classement sur laquelle sont répartis les golfeurs amateurs. Les joueurs professionnels, tous considérés comme joueurs "scratch" (c'est-à-dire de Hcp 0), relèvent d'un classement particulier déjà évoqué au chapitre "Histoires".

La Fédération Française de Golf régit cette classification à partir des résultats obtenus en compétition par les joueurs.

Les joueurs sont ainsi classés :

1re série : Hcp 0-10
2e série : Hcp 11-18
3e série : Hcp 19-24
4e série : Hcp 25-36
5e série : Hcp 37-53

De nouvelles règles, plutôt sophistiquées, on été récemment établies pour le calcul du Hcp. Celles-ci sont exposées au chapitre 17.

Toutefois, c'est par sa prise en compte dans le résultat final que le Hcp donne au golf toute sa spécificité.

Le Handicap est un bonus concédé aux joueurs les moins bons, pour qu'ils puissent concourir avec les joueurs d'un meilleur niveau, à égalité de chances. Imaginons qu'un joueur Hcp 0 rencontre un joueur Hcp 36.

Celui qui joue le moins de coups en score net sera déclaré vainqueur.

Dans notre exemple, le joueur Hcp 0 joue le parcours en 74 coups (score brut). Son score net est le résultat du score brut (74) - son Handicap (0), soit 74. Le joueur Hcp 36 joue 104 coups (score brut). Son score net est de 104 - son Handicap 36, soit 68. Le joueur Hcp 36 qui perd en brut est déclaré vainqueur en net.

Ce système original permet donc à n'importe quel joueur de faible niveau de pouvoir rencontrer des joueurs de niveau supérieur, en conservant l'aspect ludique attaché à l'incertitude du résultat.

LE CLUB-HOUSE

Au **club-house** on trouve bien sûr les vestiaires et les douches, mais aussi le secrétariat du Club. C'est un passage obligé, pour se présenter, acquitter son droit de jeu - le "**green fee**", et retenir un départ (qu'il est prudent de réserver à l'avance dans les golfs très fréquentés).

La personne chargée de l'organisation du jeu, le "**starter**", vous indique votre heure de départ et vous remet une **carte de score**. Sur cette carte figure la plupart du temps un plan du parcours qui vous permet de visualiser les trous, ainsi que leur enchaînement.

Pour se rafraîchir après la partie, un bar accueillant complète généralement les commodités de tout club-house. C'est là qu'on fête les victoires et qu'on oublie les défaites.

GOLF CLUB
D'AIX-LES-BAINS

Plan du parcours qui permet de visualiser les trous, ainsi que leur enchaînement.

C'est un lieu toujours chaleureux où l'on peut jouer de mémorables **dix-neuvième trous**, l'équivalent de la troisième mi-temps au rugby. A cette occasion circulent les meilleures histoires sur le golf. Cet humour est encore une des originalités de ce sport. On cherchera vainement une quelconque plaisanterie ayant trait à la gymnastique, aux agrès ou au lancer du poids. Tandis qu'en golf, il n'est pas une semaine sans qu'une nouvelle histoire drôle fasse le tour du monde, de club-house en club-house. On s'y moque de soi-même et du jeu, toujours avec justesse et d'alacrité : trois professionnels et un amateur jouent un "**Pro-am**"

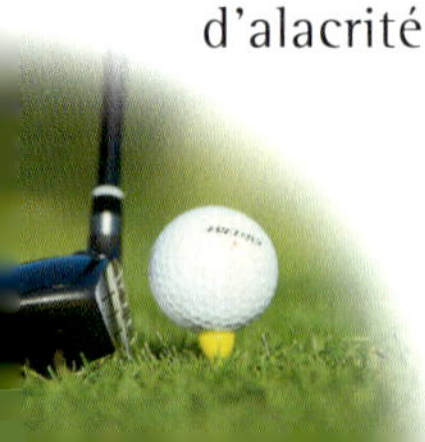

Club-House du Golf de la Bête (QUEBEC)

(compétition qui réunit des professionnels et des amateurs). Notre amateur à la tenue vestimentaire particulièrement élégante, arbore un polo en mailles piquées du plus bel effet.

Ils sont au départ d'un Par 3, dont le fairway très étroit serpente au milieu d'une forêt d'épineux, de ronces et autres taillis. Le premier professionnel demande à son caddie de lui passer un fer 4. Le deuxième demande un fer 5. Le troisième professionnel, après un temps de réflexion, un bois 5. Vient le tour de notre amateur soigné. Il reste longtemps silencieux, les yeux rivés sur les broussailles menaçantes. Quand

son caddie rompt le silence pour lui demander : “Qu’est-ce qu’il vous faudrait ?” La réponse est immédiate : “Il faudrait que vous alliez m’acheter une nouvelle chemise LACOSTE !”

LE PRACTICE

Le **Practice,** appelé parfois **Driving Range,** est une zone d’entraînement attenante au parcours. C’est le terrain d’échauffement avant toute partie. Lieu privilégié de mise au point du swing, on s’y entraîne sur de petits tapis (pour protéger le sol des nombreux essais). Des distributeurs de balles sont mis à la disposition des joueurs. C’est là que les professeurs donnent leurs leçons. Le silence y est de rigueur afin de protéger la concentration de ceux qui s’y entraînent.

LE PUTTING GREEN

Le “**putting green**” est le complément du practice pour les coups joués au putter. C’est un green d’entraînement habituellement de 800 m^2 environ où sont placés neuf trous (parfois dix-huit) distants de quelques mètres les uns des autres.

On prend ainsi connaissance des caractéristiques des greens que l’on rencontrera sur le parcours, car les qualités de roulement peuvent différer largement d’un golf à un autre.

LE PRO-SHOP

Dernière précaution avant de partir, faire une provision de balles au “**pro-shop**”, le magasin du “**Pro**”.

“Le Pro” c’est le nom amical donné au professeur /profesionnel de golf. Il a fait du golf son métier. Il a la chance de vivre sa passion et de vivre de sa passion. Le “Pro” sait tout faire ! Enseigner, bien sûr : initier les débutants, perfectionner les autres, guider les meilleurs sur les

chemins de la compétition. Il est là aussi pour conseiller le matériel le plus adapté aux besoins de chacun, adapter ou réparer les clubs, etc.

En résumé, et pour plagier les contes pour enfants, le "Pro", c'est le grillon du foyer : quand il chante, le club est de qualité.

Le pro-shop est sa boutique. On peut y louer un chariot, des clubs, acheter des balles, s'y procurer tout le matériel nécessaire, avec en plus, ses conseils avisés.

Les prix pratiqués sont bien souvent inférieurs à ceux des "magasins de ville".

Surtout, on y trouve du matériel d'occasion. Il est généralement d'excellente qualité et à des prix réellement compétitifs. C'est souvent un matériel abandonné au bout de six mois par quelques grincheux impatients, trop pressés par le désir de vaincre.

CADDIE ET GREENKEEPER

Cette présentation serait incomplète sans l'évocation de deux figures incontournables du golf, le "greenkeeper" et le "caddie".

Le caddie n'est pas, contrairement aux idées reçues, un personnage subalterne confiné au rôle de porteur de sac pour joueurs en quête de distinction sociale. Il est d'abord un expert en golf, qui connaît par cœur le parcours sur lequel il travaille. Il sait faire profiter de ses connaissances et de son expérience. En tournoi, on a l'habitude de dire que le caddie est au professionnel ce que le copilote est au pilote de rallye automobile. Au cours des repérages précédant la compétition, le caddie, en compagnie du professionnel, consigne sur un ***carnet*** *approprié les aléas du terrain, les distances, les repères. Le jour de la compétition, ces notes guideront le choix du bon club, au bon moment.*

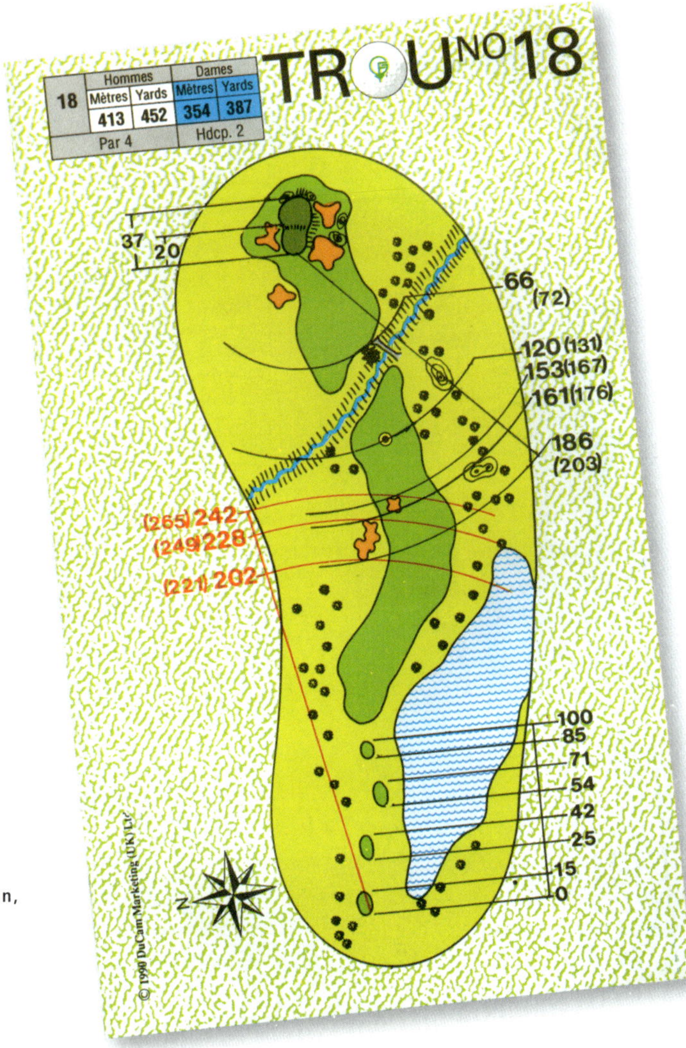

Le jour de
la compétition,
ces notes
guideront
le choix
du bon club.

Le "greenkeeper" (trad.: gardien des greens) est la personne qualifiée, responsable de l'entretien du parcours et du matériel afférent. Son rôle est devenu de plus en plus important au fil des années. Compétent et responsable en matière d'arrosage et de traitement des sols, il est celui qui cristallise les espoirs des golfeurs de jouer dans un cadre exceptionnel.

Le "greenkeeper" déplace les trous sur les greens à l'aide d'une carotteuse.

Les greens demandent un entretien quotidien. Les fairways doivent être tondus régulièrement. Il faut désherber et aérer les bunkers ; déplacer les trous sur les greens pour varier et relancer l'intérêt du parcours. Ce travail toujours recommencé débute à l'aube. Personne jamais n'oublie de saluer ces enchanteurs de la Nature.

EN JEU !

Vous avez acquitté votre "green fee", réservé votre départ auprès du "starter" ; vous vous êtes échauffé au "practice" et entraîné sur le "putting green" ; vous êtes passé au "pro-shop" acquérir quelques balles neuves et beaucoup de "**tatties**", car vous n'êtes pas très sûr de votre jeu.

Les "tatties" (trad. : patates) sont des balles de seconde main, perdues sur le parcours par quelques joueurs maladroits. Lors de l'entretien, le "greenkeeper" les récupère. Ces "tatties" sont remises en vente au "pro-shop" à des prix défiant toute concurrence. Bien entendu, ces balles n'ont plus toutes les qualités des neuves, mais les débutants économes s'en contenteront, d'autant que ces balles ont de fortes chances d'être de nouveau égarées. De nombreux obstacles, pièges, chausse-trappes, vous attendent sur le parcours.

4

Le parcours

Le champion français Bernard PASCASSIO aime rappeler cette évidence : "Le premier adversaire du golfeur, c'est le parcours". C'est simple. Aussi simple que la configuration d'un terrain de golf.

Chaque trou comporte : une aire de départ, suivie d'une allée (le "**Fairway**") qui mène à une aire d'arrivée (le "Green") dans laquelle est creusé un trou signalé par un drapeau.

Les architectes de golf ajoutent ou intègrent à ces éléments de base des obstacles pour faire vivre l'espace, complexifier le jeu ... et pénaliser le golfeur maladroit ou inattentif ! Des obstructions involontaires, dues au hasard, peuvent entraver le déroulement normal du jeu. Le règlement du golf, qui nous le verrons a tout prévu !, prescrit la conduite à adopter pour lever chacune de ces importunités. Les lignes qui

suivent décrivent l'essentiel du parcours, son mode d'emploi, et font le point sur la terminologie en usage. En chemin, les points importants du règlement sont abordés.

1 *Départ*
2 *Fairway*
3 *Green*
4 *Bunker*
5 *Rough*
6 *Tough Rough*
7 *Obstacle d'eau latéral*
8 *Piquets rouges*
9 *Hors limite - piquets blancs*
10 *Piquets jaunes*
11 *Obstacle d'eau*
12 *Dropping zone*
13 *Piquets bleus*
14 *Terrain en réparation*

LE DÉPART

On commence à jouer chaque trou à partir d'un espace appelé "Teeing Ground" ou "**Tee de départ**". C'est un tertre rectangulaire surélevé, d'une surface de 200 m² environ.

Des boules de couleur y délimitent, dans sa partie avant, une ligne de départ. On commence à jouer en posant sa balle sur cette ligne, ou en arrière de celle-ci jusqu'à deux longueurs du club que l'on va utiliser.

Tous les joueurs frappent leur balle de ce même endroit. Afin de protéger le sol des inévitables dégradations causées par les clubs au moment de la frappe, on autorise pour ce premier coup à surélever la balle sur un "Tee".

Mettre la balle sur tee au départ n'est donc pas une obligation, mais une mesure de sauvegarde du terrain.

Des boules de couleurs différentes, fichées au sol, sont échelonnées d'arrière en avant et délimitent des départs différents.

Par rapport au drapeau, les boules les plus en arrière sont noires. Elles indiquent le départ réservé aux professionnels et aux championnats. Cet espace est aussi parfois appelé "Back Tee".

Les boules de couleurs indiquent les départs.

Un panneau indique le numéro du trou, sa distance, son Par.

Viennent ensuite les boules Blanches : départ Messieurs, bon classement.

Les boules Jaunes : Messieurs.

Les boules Bleues : départ Dames bon classement et Juniors garçons.

Les boules Rouges : départ Dames, Juniors filles et enfants.

Aux abords immédiats du départ, un panneau indique le numéro du trou, sa distance, son Par. Le dessin de son tracé montre les différents obstacles à contourner et la trajectoire idéale que doit parcourir la balle pour jouer le Par. Les golfs traditionnels mentionnent sur le panneau le nom évocateur qu'ils ont attribué à chacun des dix-huit trous. Les golfs modernes y apposent de la publicité... “O tempora ! o mores !” soupiraient les Latins.

On distingue trois types de trous :

Le "**standard**" : du départ on aperçoit en droite ligne le drapeau d'arrivée.

Le "**dog leg**" : (trad. : patte de chien) c'est un trou dont le fairway tourne pour arriver au drapeau, soit à droite (dog leg à droite), soit à gauche (dog leg à gauche).

Le trou "**blind**" : (trad. : aveugle) on ne peut voir le drapeau du départ, et donc un piquet, généralement blanc et noir planté sur le fairway, en indique la direction.

Sur ces trous, on trouve fréquemment une cloche qu'on sonne pour signaler aux joueurs suivants, qui ne vous voient plus, qu'ils peuvent jouer à leur tour.

Simple règle de sécurité : attendez d'entendre la cloche avant de jouer et ne sonnez la cloche qu'après avoir joué. Des accidents fâcheux seront ainsi évités !

Par extension, on parle de "coup blind" ou de "**coup en aveugle**", pour un coup joué sur le fairway, lorsqu'on ne peut voir le drapeau ou la retombée de la balle. Ce qui n'est surtout pas un encouragement à jouer à l'aveuglette !

En principe, une partie de golf ne se joue jamais seul. Il faut être au minimum deux, et jamais plus de quatre. Aussi convient-il de décider du joueur qui aura "**l'Honneur**".

"L'Honneur" est le privilège de jouer le premier au départ. En compétition, on procède à un tirage au sort. Sinon "l'Honneur" est accordé au joueur ayant le meilleur classement et ainsi de suite. Sur les autres trous, le joueur ayant réalisé la meilleure marque au trou précédent, prendra "l'honneur". En cas d'égalité, on joue dans le même ordre qu'au trou précédent.

Parfois, lors de parties amicales, un joueur proposera de commencer en faisant "**Mulligan**". Chacun a alors le droit de frapper une seconde balle au départ si la première ne convient pas. Ceci ne s'applique qu'au départ du premier trou. MULLIGAN était un golfeur toujours en retard,

qui n'avait jamais le temps de s'échauffer. Ses partenaires de jeu lui accordèrent cette facilité pour éviter que sa partie ne commence par un désastre ! Il est des manières de fair-play qui aujourd'hui laissent pantois !

Le premier coup a été frappé, on aborde le "fairway" en ayant à l'esprit le principe essentiel, incontournable, du golf : *jouer la même balle, où elle se trouve, quel que soit le terrain sur lequel elle repose.*

Telle est le Canon dont la stricte observance donne au jeu toute sa logique et toute sa raison d'être. Les aménagements du terrain et la réglementation s'organisent à partir de cette règle fondamentale qu'il faut impérativement garder à l'esprit et répéter : *on ne joue qu'une balle, où elle se trouve, sans jamais en améliorer la position, en comptant tous les coups et toutes les pénalités.*

SUR LE FAIRWAY

Le "**fairway**" (trad. : chemin favorable) : ce terme est emprunté au vocabulaire de la marine (cf. chap. Histoires). Il désigne le chenal que doivent suivre les bateaux pour éviter les écueils. En golf, le fairway est le terrain spécialement entretenu (herbe rase) compris entre le départ et le green d'arrivée. C'est une sorte d'allée qui évite et contourne les obstacles, un chemin idéal que le golfeur tente de faire emprunter à sa balle.

Cependant, même sur le fairway, la progression de la balle peut être contrariée par des événements considérés par le règlement comme ne faisant pas partie du jeu.

Dans ces situations particulières, on considère que la responsabilité du joueur n'est pas engagée et qu'il ne doit pas être pénalisé. Ces situations sont nombreuses, mais heureusement peu fréquentes.

Les impossibilités les plus courantes de poursuite normale du jeu sont dues à ce que l'on regroupe sous les termes étranges d'"**obstructions**", de "**détritus**" et d'"**eau fortuite**".

Les "Obstructions"

On appelle "obstructions" tout ce qui sur le parcours est artificiel, comme un râteau, un tuyau d'arrosage, mais aussi les bancs, les routes, les chemins (sauf à St ANDREWS !) et leurs bordures. Lorsqu'une balle termine sa course dans ce genre d'obstacle artificiel, on est autorisé à retirer l'obstruction, si celle-ci est amovible, pour continuer le jeu, sans être pénalisé. Si l'obstruction est inamovible, le golfeur peut déplacer sa balle. Ce déplacement volontaire de la balle fait l'objet d'une codification très précise, en cohérence avec la règle fondamentale déjà vue.

"Dropper" la balle

On doit "**dropper**" sa balle, de l'anglais "to drop" (trad.: tomber naturellement sous la seule force de la gravité...). Pour ce faire, le golfeur relève d'abord sa balle. Puis il s'écarte de l'obstacle. Ensuite, tenant la balle en main, celle-ci dans le prolongement du bras, le bras tendu horizontalement devant lui, le golfeur lâche la balle. Le jeu peut reprendre, là où repose à présent la balle.

Quand on est gêné par une obstruction inamovible, on relève sa balle pour la dropper sans pénalité à moins d'une longueur du club que l'on va utiliser, sans se rapprocher du drapeau.

Evidemment, on veille à dropper sa balle de telle sorte qu'elle soit jouable et qu'elle ne s'immobilise pas au-delà de l'obstacle.

Les "Détritus"

Les "détritus" sont des objets naturels, pierres, feuilles, brindilles, vers de terre, déjections animales, etc. qui peuvent entraver le bon déroulement du jeu. Ces détritus peuvent être enlevés sans pénalité. Pourtant, si au cours du nettoyage la balle est bougée, ce déplace-

ment, même involontaire, est sanctionné d'un point de pénalité. Dans tous les cas, on ne peut dégager l'espace nécessaire pour jouer en pliant les branches ou en les cassant, en aplatissant les herbes ou en les fauchant.

"Eau Fortuite"

La balle peut finir sa course dans une accumulation temporaire d'eau qui n'est pas un obstacle d'eau. C'est ce que recouvre le terme d' "eau fortuite". Lorsque la balle repose dans une "eau fortuite", elle peut être droppée en dehors, à moins d'une longueur de club, sans se rapprocher du drapeau et sans pénalité.

"TERRAIN EN RÉPARATION"

La poursuite normale du jeu peut encore être contrariée si la balle s'est immobilisée sur une partie de "terrain en réparation" (parfois signalé par un écriteau : "G.U.R." de l'anglais "Ground Under Repair").

On désigne ainsi toute partie du terrain sur laquelle des travaux de réfection du sol sont en cours, ou lorsqu'on a procédé à des plantations récentes et encore fragiles. Cette surface est délimitée par des **piquets** ou des **lignes bleus**. Tout jeu est interdit dans cet espace. Aussi, le joueur est-il autorisé à relever sa balle et à s'écarter du "terrain en réparation" pour dropper sans pénalité.

On procède de la même façon si la balle vient à s'arrêter dans un trou ou une piste faite par un animal.

Balle dans son "Pitch"

On retiendra un dernier cas où, simplement pour des raisons de préservation du terrain, on a décidé que le jeu est impossible : lorsque la balle s'est enfoncée dans son propre "**pitch**".

Ce terme est issu d'un autre jeu britannique : le Cricket. On lance une balle qui rebondit sur le sol à proximité immédiate de petits bâtons plantés en terre (les "wickets") que l'on cherche à faire tomber. Par analogie, en golf la balle qui vient rebondir tout près du drapeau est dite "pitchée". Par extension, le "pitch" est la marque que fait la balle à l'endroit où elle retombe.

Aussi, lorsque la balle de golf s'est enfoncée dans son propre pitch, et à la condition impérative que ce soit sur le fairway ou sur le green, on est autorisé à la relever. On nettoie la balle que l'on droppe aussi près que possible du point où elle se trouvait sans se rapprocher du trou, sans pénalité. On répare ensuite le fairway ou le green.

En résumé, quand la responsabilité du joueur n'est pas engagée, dropper la balle n'entraîne pas de pénalisation.

Sinon, on compte un point de pénalité chaque fois que l'on est conduit à dropper. Nous verrons que les occasions sont nombreuses quand on manque le fairway !

OBSTACLES ET PÉNALITÉS

Un certain nombre d'obstacles ont été volontairement aménagés sur le parcours. On considère comme "obstacle" tout obstacle d'eau ou tout bunker.

On distingue "les obstacles d'eau" proprement dits et les "obstacles d'eau latéraux".

"OBSTACLE D'EAU"

Un "obstacle d'eau" est toute mer, lac, étang, fossé, fossé de drainage ou autre cours d'eau à ciel ouvert (qu'ils contiennent ou non de l'eau).

Les obstacles d'eau sont délimités sur le parcours par des **piquets** ou des **lignes jaunes**.

Lorsqu'une balle tombe dans un obstacle d'eau, le joueur peut la jouer où elle se trouve. Le coup n'est pas facile ! ... et demande réflexion. Certes, à l'instar du n° 1 français Jean VAN DE VELDE on peut retirer ses chaussettes pour aller dans la rivière prendre la mesure d'un tel coup. C'est ce qu'il fit lors du BRITISH OPEN 99 pour le plus grand bonheur du public mondial. Toutefois, on choisira plus couramment de dropper sa balle avec un coup de pénalité :

- *Soit en rejouant de l'endroit d'où la balle venait d'être jouée.*
- *Soit en droppant en arrière de l'obstacle d'eau, là où la balle a franchi la lisière de l'obstacle.*

"OBSTACLE D'EAU LATÉRAL"

Un "obstacle d'eau latéral" est signalé par des **piquets** ou des **lignes rouges**.

Lorsqu'une balle y tombe, on procède comme pour les obstacles d'eau. Il est cependant parfois impossible de dropper en arrière de l'obstacle. On droppe alors à moins de deux longueurs de club de sa lisière, à la hauteur du point d'entrée. On peut choisir aussi de dropper à la même distance du trou, mais sur le bord opposé. Quand des configurations particulières l'exigent, des zones appropriées pour dropper les balles ont été aménagées. Ces "**Dropping Zones**" sont indiquées par un panneau et tracées au sol.

Les "Bunkers"

A l'origine, le "bunker" désignait en anglais la soute à charbon des bateaux. Ceux qui y travaillaient savaient qu'ils n'avaient guère de chance de pouvoir en sortir avant la fin du voyage. Aussi, ce nom convient-il parfaitement, en golf, à ces obstacles sans forme ni taille

particulières remplis de sable. Certains présentent des dimensions considérables. Ainsi le bien nommé "HELL" de St ANDREWS. Il est si vaste et si profond, qu'on y descend par un petit escalier de bois !

Bunker de défense du green

Les bunkers se rencontrent sur le fairway ou aux abords des greens dont ils défendent l'accès. Toujours astucieusement situés pour piéger la balle des golfeurs imprécis, il est la plupart du temps difficile d'en sortir... le score léger ! D'autant plus difficile d'ailleurs, que parfois la balle est "**Plugged**" (de l'anglais "to plug"), c'est-à-dire qu'elle est enfoncée dans le sable. Dans ce cas, contrairement à la balle enfoncée dans son pitch sur le fairway ou le green, il est interdit de la relever. Elle doit être jouée là où elle est...même sous le sable !

A proximité des bunkers, des râteaux sont mis à disposition des joueurs, pour effacer, après avoir joué, toutes traces de jeu.

D'autres entraves à une progression tranquille de la balle existent encore. Ce sont les "plantations" et le "rough".

Les "Plantations"

Des arbres viennent d'être plantés. On considère qu'ils auront pris toute leur vigueur quand ils mesureront 1,20 m. En attendant, les joueurs sont invités à ne pas prendre le risque de les endommager. Aussi, quand une balle s'immobilise dans de telles plantations, on est autorisé à s'éloigner de l'obstacle en la droppant sans pénalité, pour jouer le coup suivant.

Le "Rough"

(Trad. : ce qui n'est pas lisse. Se dit, par exemple, d'une mer agitée : "a rough sea").

Ce sont des herbes hautes qui ne sont pas taillées et qui bordent les fairways.

A l'instar des bunkers, il est difficile d'en sortir. De surcroît, il est très délicat de simplement y retrouver sa balle.

Les joueurs débutants et moyens, qui fréquentent avec assiduité les roughs, distinguent les "Light Roughs" (légers roughs) des "Tough Roughs" (drus et denses). Pour sortir des premiers, ils fauchent... Pour sortir des seconds, ils labourent !

La sortie de rough.

Balle "Injouable"

La balle repose parfois dans de si mauvaises conditions que le joueur n'a d'autres solutions raisonnables que de la déclarer : "injouable". D'une façon générale, un tel recours est possible sur n'importe quelle partie du parcours, sauf si la balle repose dans un obstacle d'eau. L'aveu de son impuissance à poursuivre régulièrement le jeu offre en retour trois possibilités au golfeur. Il peut rejouer de l'endroit où il avait joué le coup. Dropper sa balle à moins de deux longueurs de club du point où elle repose, sans se rapprocher du trou.

Dropper une balle injouable

Dropper la balle en arrière du point où elle repose, sur une ligne imaginaire passant par ce point et le trou, sans limite arrière. Dans tous les cas, il est sanctionné d'un point de pénalité.

Si la balle repose dans un bunker, elle peut être déclarée injouable, mais doit être droppée dans le bunker, en comptant un point de pénalité.

LE "HORS LIMITES"

Bien que l'espace de jeu soit immense, le golf a des limites. Le "**Hors Limites**" (en anglais : "Out of Bounds") est le territoire sur lequel le jeu est interdit. Les limites sont matérialisées par des **piquets** ou des **lignes** de **couleur blanche**, ou encore par une clôture, un mur, etc. Une balle n'est considérée "Hors Limites" que lorsqu'elle repose entièrement hors limites.

Quand une balle est envoyée "Hors Limites", on rejoue une autre balle de l'endroit même où a été jouée la précédente. On compte un point de pénalité.

Parfois, il est difficile de déterminer de l'endroit d'où l'on vient de jouer, si la balle repose effectivement "Hors Limites". On consent alors au joueur le droit de frapper une seconde balle dite "**d'attente**" ou "**provisoire**".

On poursuit le jeu avec la première balle si elle ne repose pas "Hors Limites".

En revanche, si elle a franchi le "Hors Limites", on joue la seconde balle en comptant un point de pénalité.

Si un joueur n'a pas pris soin de jouer une "balle provisoire", et qu'il constate en arrivant sur les lieux que sa balle est "Hors Limites", il doit retourner jouer le coup. Il est pénalisé d'un point.

Toutefois, quand on ne joue pas en compétition, pour éviter ce retour, et risquer ainsi de ralentir le jeu des parties suivantes, on droppe une balle. Les conditions sont les mêmes que celles énoncées pour une balle "injouable". Le décompte des points se fait ainsi : un point de pénalité pour la sortie "Hors Limites" + un point de pénalité pour le "drop".

Le choix de jouer une balle "provisoire" doit toujours être annoncé clairement à tous les partenaires de jeu. Dès qu'une balle "provisoire" est jouée une deuxième fois, elle remplace définitivement la première balle.

Une balle "provisoire "devra aussi être jouée dans tous les cas où l'on n'est pas certain de pouvoir retrouver sa première balle.

Balle perdue

Cette circonstance est la plus fréquemment responsable des pénalisations chez les débutants. Il est d'usage de ne consacrer que cinq minutes à la recherche de la balle. Cela laisse le temps de jouer à l'éventuelle partie suivante. On prendra donc soin de faire clairement signe aux joueurs qui suivent de passer avant d'entamer les recherches.

Quand la balle s'est égarée dans un obstacle d'eau, la procédure est maintenant connue. (Cf. plus haut)

Dans tous les autres cas, il faut jouer une nouvelle balle de l'endroit même où a été jouée la balle d'origine, en comptant un point de pénalité.

Quand la perte n'est constatée qu'après être arrivé sur place, et qu'aucune balle "provisoire" n'a été jouée, il faut retourner jouer le coup, en droppant avec pénalité une nouvelle balle. Cependant, en parties amicales, toujours pour éviter de gêner les parties suivantes, on droppe une nouvelle balle, selon les mêmes modalités que pour le "Hors Limites" : on compte un point de pénalité pour "balle perdue" + un point pour dropper la balle à l'endroit où l'on estime qu'elle devait reposer.

"Replacez vos divots !"

De petits panneaux sont placés ici et là sur le fairway. On peut y lire cette injonction faite aux joueurs : "Replacez vos **divots** !"

Le "divot" est une touffe d'herbe ou une motte de terre arrachée au sol par le club au moment de la frappe de la balle.

"Replacez vos divots !" rappelle le devoir qu'a tout joueur d'effacer toutes les traces de son passage, pour la bonne tenue du terrain et le

bien-être des joueurs suivants. Après avoir joué, il est convenu de récupérer le "divot" qui a été projeté à quelques mètres en avant lors du swing, pour le replacer à l'endroit initial et ainsi reboucher le trou.

Retrouver sa balle dans un trou creusé par la négligence d'un joueur précédent ne réjouit personne.

Il y a suffisamment d'obstacles sur un parcours pour ne pas en ajouter !

Repères de distance

Parmi tous les piquets qui délimitent des obstacles ou qui menacent de pénalités, il en existe qui sont sans conséquences négatives. Ce sont des piquets ou des plaques de métal fichées dans le sol. Ce sont des repères disposés sur le bord ou au centre du fairway pour aider les joueurs à apprécier les distances à franchir. Ils sont généralement plantés à 135 m du bord avant du Green.

Pour apprécier les distances

SUR LE GREEN

Le "**Green**" (trad. : vert) est la surface du terrain (500 m^2 environ) qui termine chaque trou. Cette partie est généralement ensemencée d'un gazon particulier (Bermuda, Ray, etc.) coupé très ras (4 à 5 mm de hauteur). Son extrême densité donne au sol cet aspect très vert caractéristique. Si vert que bon nombre de néophytes pensent, à tort, qu'il s'agit d'herbe synthétique.

Tous les soins sont apportés à cette surface de gazon naturel, pour qu'elle soit la plus égale possible afin de favoriser le roulement de la balle.

Le "putter", avec lequel on exécute des "putts", fait rouler la balle, pour enfin "**l'enquiller**" (c'est le terme officiel) ou la faire "**entrer**" dans le trou, but suprême du golf.

Le Trou

Ce trou creusé dans la surface du green a un diamètre de 108 mm pour une profondeur de 102 mm. Il est généralement protégé par un revêtement intérieur, un cylindre de plastique par exemple, dont le bord supérieur est inférieur d'au moins 2,5 cm de la surface du green. Une balle qui vient buter sur le bord du trou ne risque pas ainsi de rebondir sur la surface artificielle du revêtement.

Les piétinements des joueurs successifs pourraient détériorer à la longue la surface du green. Il est essentiel de répartir cette usure normale sur toute la surface. C'est la raison principale pour laquelle on change régulièrement la position du trou sur le green.

Ces déplacements, non seulement permettent donc de conserver en parfait état le green, mais facilitent ou compliquent la réalisation du Par. Ainsi les joueurs ne s'enferment-ils pas dans des routines ennuyeuses, et l'attrait du parcours est sans cesse renouvelé.

Le n°13 du Golf de CLAVIÈRES (ITALIE)

Le drapeau

La position du trou sur le green est signalée par un drapeau. Traditionnellement, il est de couleur blanche ou jaune pour les neuf premiers trous et de couleur rouge pour les neuf derniers. Fixé sur une hampe, chaque fanion porte le numéro du trou auquel il correspond.

Une boule de plastique attachée à différentes hauteurs de la hampe indique la distance plus ou moins longue qui sépare le trou du bord avant du green. Plus la boule est basse sur la hampe, plus le trou est proche de ce bord avant. Toutefois, tous les golfs ne proposent pas ces repères pourtant fort utiles quand les greens sont vastes.

Avant de putter, on retire le drapeau du trou. On veille à le poser délicatement afin de ne pas détériorer la surface du green.

Si une balle heurte la hampe du drapeau, sans pour autant entrer dans le trou, il faut jouer un nouveau coup de l'endroit où la balle s'est définitivement arrêtée. En revanche, si une balle touche la hampe du drapeau et entre dans le trou, le coup est considéré comme valable. Ce cas ne se présente que si la balle ne reposait pas sur le green quand elle a été jouée. Car dès que l'on doit jouer la balle sur le green, le drapeau doit être retiré du trou. Il ne peut aider à "entrer" la balle. Quand la balle repose loin du trou, si le joueur manque de repères, il peut demander à un partenaire de" **prendre en charge**" le drapeau.

La prise en charge du drapeau

Il est d'usage de le tenir en se positionnant sur le côté, à distance de bras tendu, en faisant face au joueur. De la main on immobilise la flamme sur la hampe. Ainsi le fanion ne risque pas d'être agité par le vent et de venir troubler l'application du joueur. Le drapeau est retiré dès que la balle commence à rouler vers le trou.

Marquer sa Balle

Sur n'importe quelle partie du terrain, mais généralement sur les greens, quand une balle gêne le jeu d'un partenaire, on la retire momentanément en l'ayant au préalable marquée. Pour ce faire, on place une pastille (une marque) sur le sol, à l'arrière immédiat de la balle par rap-

port au drapeau. Généralement le bouton-pression que l'on trouve sur les gants de golf sert de marque. On retire alors la balle. Quand le moment est venu de jouer de nouveau, on replace d'abord la balle avant de retirer la marque. La balle peut être rejouée.

Marquer la balle.

Sur le green, relever et marquer sa balle est une obligation quelle que soit sa position. Quand un joueur "putte", tous les partenaires de jeu ont marqué et retiré leur balle du "Green". Rien ne doit gêner la concentration du joueur, tout particulièrement pour les putts qui sont les coups les plus délicats à réaliser. De plus, sur le green, on peut relever, toujours sans pénalité, sa balle pour la nettoyer avant de la jouer.

"Relevez vos Pitches !"

Aux abords des greens, des écriteaux portent la mention : "Relevez vos Pitches !" C'est un encouragement ferme à redonner à la surface du "green" l'aspect qu'elle avait avant que la balle, en tombant, ne la marque de son "pitch".

A l'aide d'un "Relève-Pitches" ou d'un "Tee", on "détasse" le green autour de l'impact pour restaurer la surface. Sans intervention, il faut quinze jours pour que disparaissent les dégâts consécutifs à un pitch. Avec un "Relève-Pitch", quinze secondes suffisent.

Relevez vos pitches !

Encore une fois l'objectif est d'effacer toutes les traces de son passage et de faire en sorte que les joueurs suivants trouvent un green en parfait état.

Ce qui explique qu'il est absolument interdit sur les greens de poser son sac de golf ou d'y faire rouler ou stationner son chariot.

A l'aide d'un "Relève-Pitches" on restaure la surface du green.

"Rub of the Green"

Un dernier évènement insolite mérite quelques lignes : le "Rub of the green" (trad. : intervention fortuite). Si une balle en mouvement est accidentellement déviée ou stoppée, c'est un "Rub of the Green". On joue alors simplement la balle où elle se trouve. Quand une balle en touche une autre, on replace la balle qui a été déplacée là où elle reposait avant le choc. L'autre balle est jouée où elle s'est immobilisée.

Une sympathique tradition exige néanmoins du responsable du "Rub" qu'il offre les rafraîchissements au club-house lors du dix-neuvième trou !

En revanche, en compétition, le règlement est particulièrement sévère avec les "Rub of the green". En stroke play, lorsque la balle puttée par un joueur en touche une autre reposant elle aussi sur le green, le responsable est pénalisé de deux coups. En match play, il perd le trou. La balle indûment déplacée doit être replacée aussi près que possible de l'endroit où elle reposait. N'obligeons donc pas nos partenaires de jeu à nous demander de relever et de marquer nos balles. Une trop grande civilité de leur part pourrait leur être préjudiciable. Un fair-play bien compris recommande d'ôter toute balle qui pourrait constituer une gêne pour les partenaires de jeu, coéquipier ou adversaire.

On a fini de jouer le trou. Le drapeau est remis en place. On dégage rapidement le green pour permettre aux parties suivantes de jouer.

Arrivé au prochain départ, on renseigne la carte de score. Le joueur ayant réalisé le meilleur score reçoit alors "l'Honneur" de prendre le nouveau départ.

5

Le matériel

Une balle et des clubs constituent l'essentiel de l'équipement de base nécessaire à la pratique du golf.

Le "ROYAL & ANCIENT" qui organise toute la pratique du golf, édicte les normes pour la fabrication et l'homologation des balles et des clubs. Le marché du matériel de golf se développe sur ces bases. L'équipement de soixante millions de "golfeurs agissants" sur la planète est un marché considérable, âprement disputé. Les points de vente de matériel de golf se sont multipliés. A côté du traditionnel "Pro Shop" et des boutiques spécialisées, il existe à présent des rayons appropriés dans les grandes surfaces de sport ou les grands magasins. Les catalogues de vente par correspondance présentent une rubrique "Golf". L'e-market se développe.

Dans cette compétition économique, chaque fabricant fait assaut d'ingéniosité. La concurrence a induit des progrès notables dans la confection des clubs.

L'emploi de nouveaux matériaux a amélioré leur rendement. Des solutions techniques ont rendu dans l'ensemble les clubs plus faciles à jouer, c'est-à-dire plus tolérants à l'égard des fautes des débutants. Les clubs de la dernière génération sont plus performants : pour une frappe identique, ils sont plus précis et plus puissants.

Des progrès encore plus saisissants ont été réalisés par les industriels en communication, publicité et mercatique !

A lire les fiches techniques des fabricants, leur club va toujours plus loin, et il est toujours plus précis. Quant aux balles, on nous assure qu'elles sont capables de parcourir des distances considérables à la moindre caresse. Pour peu, elles iraient d'elles-mêmes se jeter dans le trou ! Dans ce foisonnement informationnel, se guider dans le choix d'un premier équipement appelle quelque discernement. Pour s'équiper d'un bon matériel, adapté à ses besoins et à ses capacités, le meilleur moyen est certainement de s'adresser au "Pro-Shop".

Le Pro teste le matériel qu'il vend. Il en connaît les performances réelles. Il sait quoi penser de tel "club anti-slice" ou de telle balle "ultra plus performante". Raisonnablement, trois grands critères suffisent dans un premier temps à orienter le choix : le prix, le confort de jeu, le rendement (le matériel transmet de façon optimum les forces qui lui sont appliquées). Pour le prix, il en va du Golf comme du Champagne. Si à bas prix, on a du mousseux, en revanche certains petits récoltants tiennent sans vergogne la comparaison avec les grands négociants ! Quant aux magnums de prestige, ils sont toujours l'occasion de cadeaux bienvenus. En matière de rendement, les différences entre les marques sont négligeables, qu'il s'agisse de balles ou de clubs. Ce sont là les conséquences d'une concurrence permanente sur un marché mondialisé, mais aussi de la rigoureuse réglementation imposée par le "ROYAL & ANCIENT". Le confort de jeu devient dans ces conditions le critère essentiel.

LA BALLE

Il existe deux types de balles : les balles d'entraînement et les balles de compétition.

La balle d'entraînement

Elle est constituée d'un aggloméré de plastiques durs moulés. De couleur jaune terne ou blanche, cerclée de rouge ou de noir, on ne l'emploie qu'au "Practice". Son utilisation est interdite sur le parcours.

Sa qualité de vol, de pénétration dans l'air, de restitution de l'énergie emmagasinée au moment de l'impact est médiocre, mais suffit largement pour l'entraînement. Comme elles ne procurent que peu de sensations au moment de la frappe, on évite de les utiliser pour travailler les coups qui demandent un bon "toucher", comme les "approches" ou le "putting". Ce sont ces balles que fournissent les distributeurs automatiques installés dans les "Practices".

Chaque jour, une machine récupère les balles sur le "Practice" pour les réinstaller dans le distributeur. Il est absolument interdit, pour des raisons compréhensibles de sécurité, d'aller ramasser des balles sur le "Practice".

La balle de compétition

Elle doit d'abord être conforme à un certain nombre de critères réglementaires et subir avec succès les tests spécifiques dictés et agréés par le "ROYAL & ANCIENT".

Sa masse ne doit pas dépasser 45,93 gr (1,62 onces). Elle doit être sphériquement symétrique et le diamètre ne peut être inférieur à 42,67 mm (1,62 inches). Pour peu que ces normes soient respectées, n'importe quelle conception originale de balle peut demander son homologation et être lancée sur le marché.

Les balles sont composées d'un cœur et d'une enveloppe. Leurs conceptions résultent de la recherche d'un juste équilibre entre deux exigences : la portée (distance du vol) et le contrôle des effets (déterminant pour les trajectoires et la précision des arrêts de la balle sur les greens). La composition du cœur agit sur les performances de la balle en distance. La fonction première de ce cœur est d'emmagasiner et de restituer le maximum d'énergie communiquée par la frappe du club. Les qualités de l'enveloppe déterminent la solidité de la balle et son confort de jeu ou son "toucher". On entend par "**toucher de balle**" les sensations que celle-ci procure à l'impact. La finesse des sensations favorise un bon contrôle de la balle, en particulier pour tous les coups qui privilégient la précision, comme le jeu d'approche ou le putting. Solidité et confort font aussi l'objet d'un compromis, car plus la couverture est tendre, meilleur est le toucher, mais plus fragile est la balle. A l'inverse, une coque dure rend les balles plus résistantes à l'abrasion et aux chocs, au détriment du confort. Ce sont des balles qui "claquent" à l'impact. Les rapports cœur et coque, le dessin des alvéoles, bref la conception générale de la balle agit principalement sur les qualités de conservation ou d'élimination des effets. Ces exigences sont contraires, car si la balle doit gommer les effets pour favoriser la distance, elle doit les conserver pour accroître contrôle et précision aux abords et sur les greens. La recherche du meilleur compromis possible a conduit les fabricants a élaborer de nombreux modèles. On distingue cependant deux grands types de balle : les "2 pièces" et les "3 pièces".

Les "2 pièces" sont composées d'un noyau élastique plus ou moins gros, enrobé d'une couverture alvéolée plus ou moins fine. Généralement ce sont des balles "dures", nerveuses, qui privilégient la distance. On classe aussi dans cette catégorie les nouvelles balles à double noyau ou à double coque.

Les balles modernes confectionnées sur le modèle traditionnel de la "3 pièces" présentent quelques avancées technologiques. Elles sont

toujours constituées d'un noyau enroulé d'un élastique, le tout recouvert d'une coque alvéolée. Toutefois les noyaux sont réalisés à présent en matériaux hi-tech (titane, tungstène), ou sont lestés d'un liquide thermoplastique. Le bobinage de fil élastique est plus ou moins comprimé. On parle parfois de balle "**wound**" (de l'anglais to wind. trad. : embobinée). L'enveloppe est en élastomère ou encore en **Balata**. Le balata est un latex extrait d'un arbre. Utilisé dans la confection des coques, il apporte un confort de jeu sans égal. Sa fragilité est son seul défaut. Des recherches récentes ont permis de mettre au point des matériaux synthétiques plus solides (comme le Surlyn), qui cependant imitent valablement les qualités naturelles du balata.

Des modifications sont sans cesse proposées en vue d'améliorer les performances des balles...et de relancer le marché.

On joue par exemple sur la profondeur et la disposition des alvéoles responsables en partie de la pénétration dans l'air et de la conservation des effets. Les alvéoles de la balle, soumises à de vives rotations, pouvant dépasser les 10 000 tours/minute, échauffent l'air alentour. Cet échauffement facilite à la fois la stabilité de la balle en vol et augmente sa pénétration dans l'air, facteur favorable à l'allongement de la portée. Les alvéoles sont dessinées en "goutte", en "bulle", en "polygone". Leur nombre varie en fonction de leur taille. Selon les marques, les balles présentent 388, 392, 416, 432, jusqu'à 500 alvéoles...

La qualité de vol d'une balle est, on l'a vu, déterminée en partie par la configuration de sa surface. C'est pourquoi on évitera de jouer une balle déformée ou dont le revêtement a été abîmé, coupé ou entaillé.

On prendra soin en outre de toujours bien nettoyer les alvéoles qui peuvent être obstruées par de la boue. La qualité du coup suivant en dépend. A cet effet, sur la plupart des parcours, on trouve des "boîtes" pour nettoyer les balles.

Sur la plupart des parcours, on trouve des "boîtes" pour nettoyer les balles.

On peut aussi emporter un chiffon réservé à cet usage, ou utiliser les petits crans qui ornent le "**relève-pitches**" (cf. chap. 6). Il n'en demeure pas moins que toutes les balles du marché atteignent les limites autorisées par le règlement ; qu'aucun test comparatif "2 pièces" et "3 pièces" ne démontre de différence significative entre ces deux conceptions. Finalement, seul le confort de jeu devient décisif pour choisir sa balle. Le confort résulte de plusieurs facteurs : la compression, la qualité du toucher et pourquoi pas la couleur.

La compression est un des aspects sur lesquels se sont penchés les fabricants pour tenter d'adapter au mieux la balle aux capacités des joueurs. Au moment de l'impact, la tête du club écrase, déforme la balle. Energie et mouvement de rotation (effets) lui sont alors appliqués.

Les balles à faible compression prennent bien l'effet, sans qu'il soit nécessaire de déployer pour cela beaucoup d'énergie.

Elles sont aisément contrôlables, sauf sur le green où elles peuvent sembler trop inconsistantes au toucher du putter.

Les balles à forte compression sont capables d'emmagasiner une plus grande quantité d'énergie, donc susceptibles de voler plus loin. En revanche, elles sont moins aisément contrôlables, et sur le green elles

semblent lourdes. De plus, elles supposent un joueur aux bonnes qualités physiques, au swing rapide et puissant. Car plus une balle est dure (compression forte), plus il est difficile de lui communiquer énergie et rotation.

Il existe diverses compressions des balles : 80-90-100.

Il s'agit encore une fois de trouver le meilleur compromis possible entre les capacités du joueur et les possibilités offertes par les caractéristiques de la balle.

Les femmes, les juniors, les enfants joueront avec bénéfice des balles de compression 80.

Le jeu de Monsieur Tout-le-monde sera optimisé avec les balles de compression 90. On réservera les compressions 100 à l'élite ! Sans parler des balles de compression 110, homologuées par l'USGA...

La couleur du revêtement des balles, qui n'a évidemment aucune incidence sur leurs qualités intrinsèques, a aussi fait l'objet d'innovations.

A côté des traditionnelles balles blanches, il existe des balles de couleurs vives. Celles-ci ont une utilité au moins dans les pays du Nord. En Ecosse par exemple, lorsque la neige n'en finit pas de fondre, les golfeurs impatients dégagent les greens et les départs et golfent sur le tapis blanc, assurés de retrouver leur balle grâce à sa couleur orange ou rose indien !

Hormis ce cas précis, les balles de couleur ne se retrouvent pas plus facilement que les blanches.

Question toucher, le balata est inégalé. Aussi pour beaucoup, la meilleure des balles, c'est-à-dire la plus polyvalente et la plus agréable à jouer, reste la "3 pièces balata". Deux "trucs" pour savoir si l'on est en possession d'une balle de cette qualité :

- *Appuyez la pointe d'un tee au fond d'une alvéole. Vous devez constater une certaine souplesse, comme si la pointe du tee allait percer la balle.*

› *Tenez la balle entre deux doigts et choquez-la contre le tranchant des incisives supérieures ; le choc doit être moelleux et le son émis grave !*

LES CLUBS

On distingue trois types de clubs : les Bois, les Fers et le Putter. Quel qu'il soit, un club comporte :

› *Une poignée, le "**grip**", confectionné généralement en caoutchouc moulé, ce qui assure une bonne adhérence à la prise.*
› *Un manche, le "**shaft**", en acier ou en graphite. Le graphite, aussi solide mais plus léger que l'acier, remplace avantageusement ce dernier.*
› *Le "shaft" est ajusté à la tête du club par une douille : le "**Hosel**".*
› *Une **tête**, sphérique pour les "bois" ou en "lame" pour les "fers". Les têtes sphériques étaient autrefois en bois, ce qui a donné le nom à ce type de club. Aujourd'hui celles-ci sont confectionnées en métal : acier, aluminium, titanium, etc. La tendance est à l'accroissement de leur volume. Selon l'augmentation on parlera de tête "**Midsize**" ou "**Oversize**".*

La tête des "Fers" est réalisée en acier moulé ou en alliage. A l'acier on ajoute du cuivre, du nickel, du graphite, du tungstène etc., selon les brevets déposés par les constructeurs.

Une tête de club présente une surface de frappe appelée : "**face**". La face du club est comprise entre le "**talon**" et la "**pointe**". La "**semelle**" est la partie du club qui repose sur le sol lorsque celui-ci est tenu en mains, à l'adresse.

CROQUIS D'UN FER

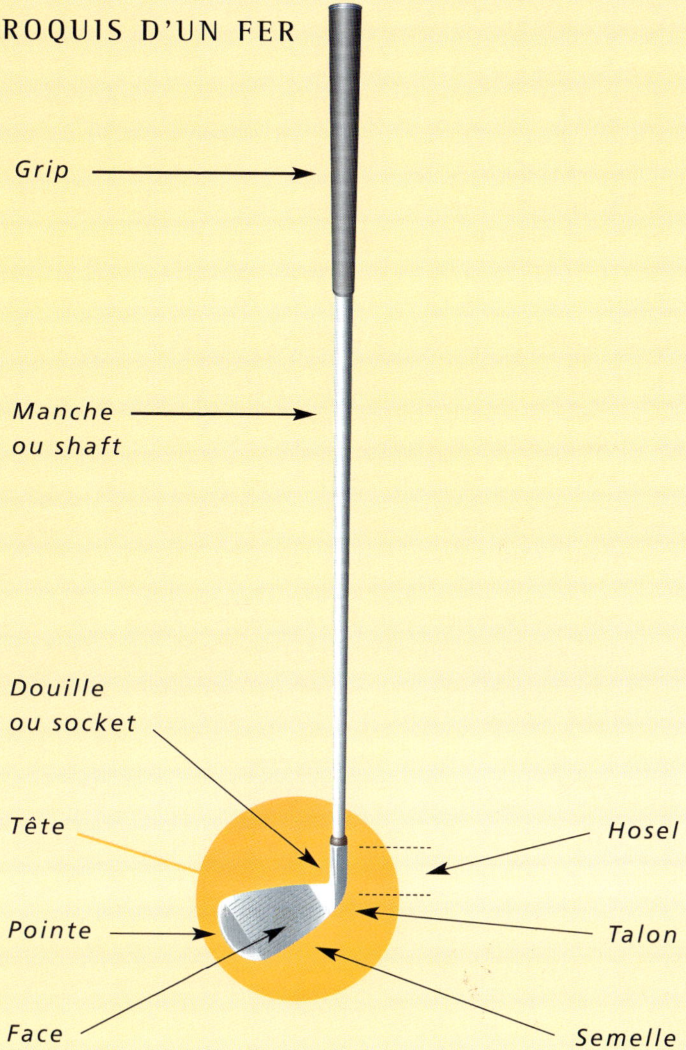

On distingue quatre angles :

- *Le " LOFT" qui est l'angle d'ouverture de la face par rapport au manche. Quand le "loft" est nul, la face est perpendiculaire au sol, comme pour le putter. On parle de club "fermé". Les clubs s'ouvrent progressivement pour atteindre, comme le "wedge", des "lofts" d'environ 60°.*
- *Le "LIE" qui détermine l'angle que fait la semelle avec le manche.*
- *L'"OFFSET" mesure le décalage plus ou moins prononcé du "hosel" avec la tête.*
- *Le "BOUNCE" définit l'arrondi plus ou moins marqué de la semelle du club.*

A gauche le loft ouvert du Pitching Wedge. A droite le loft fermé du fer 3.

Un cadre de référence, établi par le "ROYAL & ANCIENT", réglemente la conception des clubs. Ainsi, le manche ne doit pas mesurer moins de 475 mm (18 inches) et doit être fixé au talon du club. Seul le putter peut avoir un manche attaché à n'importe quel point de tête.

Les grips sont rigoureusement droits, réguliers et ronds. Néanmoins le putter, peut avoir une partie de son grip aplatie sur toute sa longueur. Tandis que pour les grips des autres clubs, une arête droite, continue et légèrement saillante est tolérée. En revanche, aucun grip ne peut présenter des empreintes ou des concavités, dans lesquelles viendraient se loger, par exemple, les doigts.

La tête du club doit être plus longue (de la pointe au talon) que profonde (de la face au dos). Un club ne possède qu'une seule face pour frapper la balle, à l'exception du putter qui peut en avoir deux.

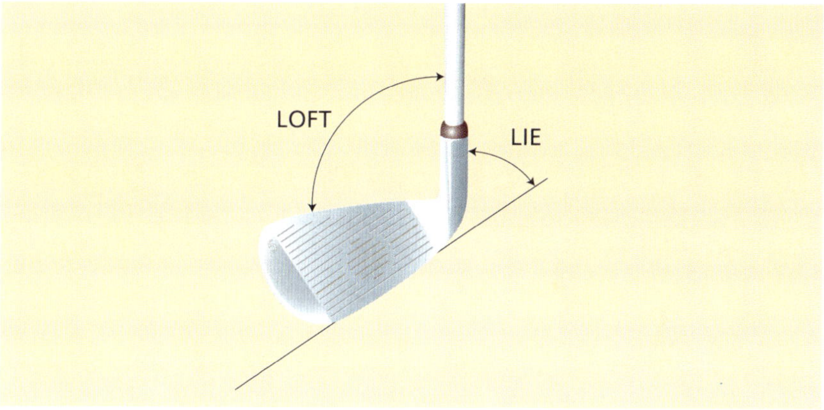

Tête de club de profil.

Les clubs à face concave sont interdits. Au centre de la face, la zone d'impact peut présenter des empreintes. Il s'agit généralement de rainures ou de petites alvéoles, qui ont une influence directe sur le mouvement communiqué par le club à la balle, par la création d'effets.

Pour le reste, le règlement est muet. Il n'existe aucune condition particulière, ni en ce qui concerne la longueur maximum des clubs, ni en ce qui concerne leur masse. La distinction entre "bois" et "fers" y est ignorée. Bref, les clubs tels qu'on les connaît aujourd'hui, dans leur diversité et leur ordonnancement, ne sont pas le produit d'une réglementation. Ils résultent de tâtonnements successifs dans la recherche d'un matériel adapté.

On aurait pu imaginer un répertoire de solutions motrices, de gestes différents, qui, appliqués à un même club permettent de faire varier les trajectoires de la balle en fonction des nécessités du jeu. Un peu comme en tennis où, avec des gestes différents, mais avec la même raquette, on imprime à la balle des trajectoires diverses : hautes (lift), basses (chop), etc.

En golf la solution retenue a été d'élaborer des clubs différents, qui, sous l'action d'un geste identique (le swing), permettent de varier les trajectoires de la balle.

Dans cette logique, le golfeur doit être en possession d'une palette suffisamment large de clubs, chacun ayant une utilité particulière, pour faire face à toutes les situations. Cette palette est donc composée de "bois", de "fers" et d'un "putter".

Le putter

Lors d'un parcours, un golfeur joue entre trente et cinquante "putts". Essentiellement utilisé sur les greens pour enquiller la balle, le Putter est le club le plus usité. Compte tenu de la dimension des greens, les putts à réaliser ne dépassent qu'exceptionnellement les vingt mètres. Sachant qu'une trajectoire roulée assure un maximum de précision, il fallait un club qui fasse rouler la balle sur toute sa trajectoire. Un bon putter est un putter précis : sa conception assure un roulement parfait. C'est un club qui doit être aisément contrôlable, c'est-à-dire parfaitement équilibré. Enfin, le putter est un club

de toucher : l'optimisation des qualités tactiles et visuelles pilote sa conception.

La forme particulière du grip des putters favorise une bonne transmission aux mains des sensations générées par la frappe. Pour les mêmes raisons le shaft est généralement court. Le "putting" est un swing un peu particulier, un mouvement pendulaire à l'amplitude très réduite. Pour un bon contrôle du mouvement pendulaire, des putters ont été conçus avec des shafts de deux mètres de longueur, sur le modèle des balanciers. Ces objets étranges restent peu employés.

Pour une bonne visée, le hosel ne fixe pas le shaft au talon du club, mais sur le bord supérieur de la tête. Celle-ci se présente soit en "**lame**", soit en "**maillet**". Pour aider à la visée, des repères visuels sont gravés sur les têtes.

Putters en lame ou en maillet

L'offset est plus ou moins important. Ce décalage facilite la vision de la balle, toujours pour favoriser la visée. Le loft est de 0°. Cette absence d'ouverture élimine tout ce qui va à l'encontre d'un roulement parfait : backspin, rebonds intempestifs, etc. De nombreux putters présentent des "inserts" qui couvrent toute la surface de frappe. Ces inserts sont réalisés dans des matériaux doux, de type balata. Ils procurent au golfeur plus de sensations à l'impact et améliorent donc sensiblement le "toucher".

Les Bois

Les plus courants sont numérotés 1, 3, 5. On voit apparaître à présent les n°7 et 9. Le "bois" n°1, encore appelé "Driver", est essentiellement joué au départ des longs trous. Les autres, les "bois de parcours", au loft plus ouvert, sont joués sur les fairways, voire pour certains dans les light roughs. Ils sont répertoriés du plus long au plus court (110-100 cm), du loft le plus fermé au plus ouvert (10-25°), du plus léger au plus lourd (370-400 grammes). Ces chiffres ne sont qu'indicatifs. Selon les marques et les séries on constate des différences minimes. Les Bois permettent de faire parcourir à la balle les distances les plus longues (cf. graphique).

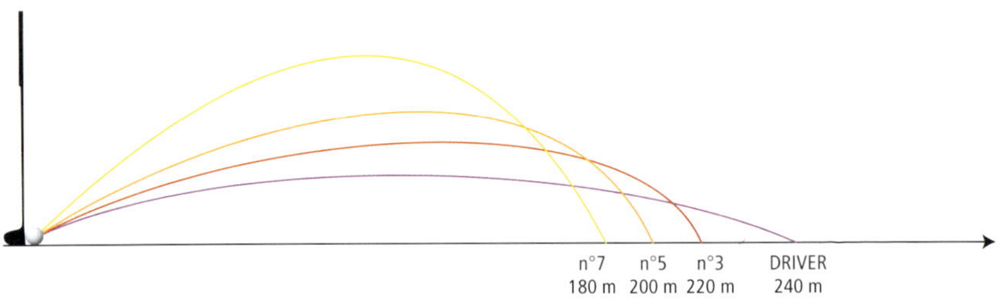

Avec un Driver, on est capable de propulser couramment les balles à plus de 250 km/h. Les amoureux des records apprécieront la portée la plus longue réalisée avec un driver : 373 m (établi au golf de Tenerife en 99 par K. WOODWARD... à 49 ans !)

La puissance et le contrôle sont les deux critères majeurs qui orientent la conception des Bois. L'utilisation du graphite pour la confection des shafts a permis d'alléger les manches et de reporter la masse en tête. Une répartition appropriée des masses au sein des têtes sphériques permet des gains de puissance. Par des inserts de métaux lourds (cuivre, tungstène, etc.), on abaisse et on recule le centre de gravité

dans la tête du club. En abaissant le centre de gravité, le poids de la tête est, à l'impact, majoritairement appliqué sous l'équateur de la balle. L'angle d'envol est optimisé. Un gain de distance est possible. En reculant le centre de gravité, on facilite le décollage de la balle. Là encore un gain de distance est attendu.

Pour améliorer le contrôle, plusieurs solutions ont été élaborées.

En premier lieu, on a utilisé pour la réalisation des têtes des matériaux légers et solides comme le titane. Cela a permis d'augmenter de façon significative le volume des sphères - 300 cc et plus - et d'obtenir des surfaces de frappe élargies. Le club est alors plus tolérant. Il minore les fautes de frappe. Ensuite, en arrondissant plus ou moins la semelle du club, on diminue le contact au sol. La frappe est moins perturbée. Le contrôle est amélioré. On obtient encore un meilleur contrôle en réduisant les effets latéraux, en particulier les rotations dextrogyres qui génèrent les "slices" tant redoutés (cf. chap. 11). Des solutions sont proposées comme l'alourdissement au talon ou le décalage du hosel.

Enfin, la qualité des shafts agit à la fois sur la distance et sur le contrôle. Les manches sont plus ou moins flexibles. Un manche très flexible peut compenser une vitesse de swing lente et apporter un gain de distance. Car la souplesse entraîne un retard de la tête du club générateur d'un effet de fouet qui augmente en conséquence la puissance. En revanche, le contrôle d'un tel club est plus aléatoire si le swing est rapide et puissant.

Les Fers

Ce sont les clubs dont la tête en métal a la forme d'une lame. On les utilise pour obtenir avant tout de la précision. Ils sont traditionnellement répartis en trois groupes :

- *Les fers longs numérotés de 1 à 4 : longue distance et bonne précision.*

- *Les fers moyens de 5 à 7 : distance moyenne et grande précision.*
- *Les fers courts 8 et 9 : courte distance, très grande précision.*

A ces deux fers courts, il convient d'ajouter ceux de la famille des **wedges** :

- *Le* ***Pitching-wedge*** *(P. W.) encore appelé fer 10 et le* ***Lob-wedge*** *employés dans le petit jeu, aux abords immédiats des greens, pour "pitcher" la balle en direction du drapeau.*
- *Le* ***Sand-wedge*** *(S. W.) parfois appelé fer 11,essentiellement conçu, comme son nom l'indique, pour extraire la balle du sable des bunkers.*

Les wedges sont des fers particuliers. Ce sont des clubs au loft très ouvert autour de 60°. Ils se différencient aussi par leur "bounce". Le Sand-wedge a un bounce élevé (14 °) idéal pour effacer les contacts avec le sol. C'est le club pour les bunkers au sable très fin et pour les approches jouées du fairway.

Le Lob-wedge, le plus court des wedges, au bounce réduit (3°), est parfait pour sortir des roughs, light ou tough !

Le Pitching-wedge présente un bounce intermédiaire qui en fait un wedge polyvalent.

Un club singulier fait la jonction entre les wedges et le putter : le "**Chipper**". Comme son nom l'indique, on l'utilise pour faire des "chips" (trad. : copeaux), soit des approches très courtes autour des greens.

Ces fers, du 1 au S. W., sont échelonnés du plus long (99 cm) au plus court (89 cm), du loft le plus fermé (15°) au plus ouvert (65°), du plus léger (400 gr) au plus lourd (460 gr).

Il s'agit là de valeurs moyennes qui correspondent à des clubs standards hommes. Des variations existent selon les marques, mais les proportions restent identiques. Le type de trajectoire et les distances obtenues avec ces clubs sont des performances moyennes réalisées par un joueur moyen (cf. graphique ci-dessous).

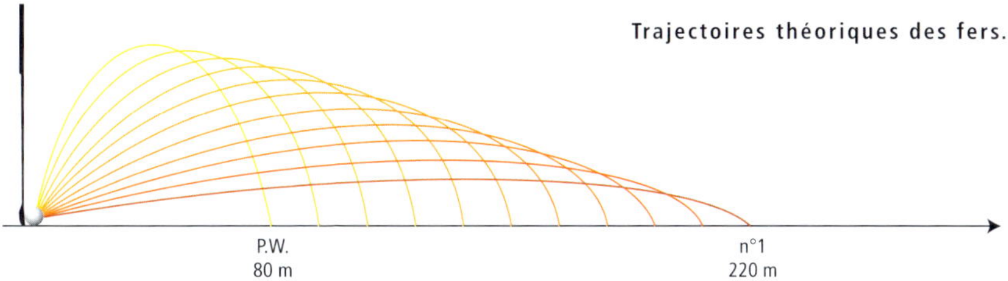

Trajectoires théoriques des fers.

On observe que pour un swing identique, plus la face du club est fermée, moins la balle se lève, mais plus la portée est longue. A contrario, plus la face du club est ouverte, moins la balle parcourt de distance mais plus elle monte. Les clubs les plus courts sont les plus faciles à contrôler. Les lofts les plus ouverts font les clubs les plus tolérants.

On comprend alors que les fers 1 et 2, ces longs clubs au loft très faible, ne sont pratiquement joués que par d'excellents golfeurs. Cependant, ces "fers" qui rivalisent en distance avec les "bois", sont d'une grande efficacité lorsqu'un vent fort risque de contrarier la progression de la balle. La balle est en effet d'autant plus sensible au vent qu'elle est sur une trajectoire haute.

Ces "fers", qui projettent la balle sur des trajectoires très basses, trouvent dans ces conditions météorologiques particulières, toute leur utilité.

Comme pour les bois, les manches en graphite se sont imposés. Les manches les plus flexibles permettent de gagner de la vitesse à l'impact et donc de la distance. En revanche, les swings rapides et puissants préfèreront un shaft plus rigide, source de plus grande précision.

Deux critères essentiels guident la fabrication des têtes des fers : la précision et le confort de jeu. Ces critères présentent des aspects plus ou moins antinomiques. Chaque constructeur propose son compromis.

La plus grande précision est obtenue avec des fers à la semelle étroite. Cette précision est encore renforcée par l'abaissement du centre de gravité. Des inserts convenablement placés favorisent comme pour les bois le bon envol de la balle.

Le confort de jeu est obtenu avec des semelles plus larges et plus arrondies qui facilitent le passage du club sous la balle au moment de la frappe. Les surfaces de frappe élargies dites "oversize" et la répartition périphérique des masses, accroissent la taille du "sweetspot" (cf. p. 94) et donc la tolérance aux imperfections du swing.

L'offset n'est pas sans importance. Plus celui-ci est prononcé, plus le centrage de la balle à l'impact est facilité (confort), au détriment des sensations (précision).

LES "SÉRIES"

En fonction de ces données générales, les fabricants ont développé le concept de "série". Une "**série**" comprend tous les clubs, excepté le chipper et le putter.

Tous les clubs d'une même série ont des caractéristiques communes : même "swing weight", même "flexibilité".

D'autres critères, comme la masse, la longueur et le "loft" varient d'un club à l'autre, du bois n°1 au S. W., de façon cohérente.

De surcroît, toutes les caractéristiques sont coordonnées entre elles. Ainsi, les fabricants proposent différentes "séries" de clubs adaptées à la diversité des aptitudes (swing weight), des capacités physiques (flexibilité des shafts) et des morphologies (longueur des shafts) accordées aux différents types de joueurs et de jeux : junior, dame, joueur moyen, puissant, etc.

Points communs à tous les clubs d'une même série :

Le "**swing weight**" (trad. : poids en mouvement).

Pour que le swing puisse être reproduit à l'identique, le poids du club en mouvement doit être le même, quel que soit le club employé dans une même série. Or le poids d'un objet en mouvement n'est pas identique à sa masse au repos.

Lorsqu'il s'agit d'un mouvement circulaire autour d'un point fixe, comme c'est le cas lors du swing, le poids en mouvement est fonction de la longueur du rayon et de la masse du club. Or, pour un même joueur, cette longueur diffère selon le club. Les fabricants ont donc fait varier en conséquence les masses des clubs, afin d'obtenir un "swing weight" identique pour tous les clubs d'une même série. La masse des clubs est donc inversement proportionnelle à leur longueur.

La sensation de poids est ainsi la même quel que soit le club utilisé.

Ceci explique que le bois n°1, bien qu'étant le club qui fait parcourir à la balle la distance la plus longue, ne soit pas le club le plus lourd, mais au contraire, le plus léger... puisqu'il est le plus long !

Par ailleurs, la force de propulsion transmise à la balle par le club est fonction à la fois de sa masse, mais aussi et surtout, de sa vitesse au moment de l'impact.

Le club partant d'une vitesse égale à 0 au début de l'élan, la vitesse est d'autant plus grande à l'impact que l'accélération du club pendant l'élan est importante. L'accélération maximum est obtenue avec une masse qui n'est ni trop lourde, ni trop légère : à la main on lance plus loin une balle de tennis qu'une balle de ping-pong ou qu'une boule de pétanque. Il existe une masse optimale.

La **flexibilité**

Selon le procédé de fabrication ou les matériaux employés, les manches des clubs sont plus ou moins flexibles. Ils sont répertoriés du

plus raide au plus souple : X (**extra stiff**) très raide ; S (**stiff**) raide ; R (**regular**) ou M (**medium**) moyen ; A (**average**) souple ; L (**lady**) très souple.

Un manche souple procure lors du swing une réelle sensation de confort. En revanche, cette grande souplesse est néfaste à la bonne tenue de l'orientation de la face du club à l'impact. En effet, la tête d'un club qui au repos pèse 400 grammes, atteint au moment de la frappe, le poids d'une tonne ! Seuls les manches peu flexibles peuvent résister convenablement à de telles contraintes, et donc contribuer plus sûrement à une frappe correcte de la balle. Le choix d'un shaft rigide s'avère judicieux quand on privilégie le contrôle.

Toujours pour conserver l'unité de mouvement, les clubs d'une même "série" ont le même indice de flexibilité.

Le **"sweetspot"**

C'est une donnée essentielle en matière d'efficacité, de confort et de santé.

La qualité d'un club, c'est-à-dire sa capacité à transmettre de façon optimum énergie et effets à la balle, dépend de la bonne répartition des masses qui le constituent : grip + manche + tête.

Lorsque les masses sont correctement réparties, la zone d'impact de la face du club qui entre en contact avec la balle coïncide avec le "**sweetspot**" (trad. : point sensible). Les golfeurs parlent de frappe dans le "gras" du club.

Cette petite surface est déterminée en laboratoire par des calculs qui prennent en compte en particulier le Moment d'Inertie du club.

Pour tout un chacun, le "sweetspot" est d'abord connu par défaut. Quand lors d'une frappe, des vibrations plus ou moins fortes sont ressenties au niveau des mains, la balle n'a pas été frappée au "sweetspot" du club. Du point de vue de l'efficacité, la transmission de l'énergie et des effets a été perturbée. Il y a eu perte d'efficacité.

En ce qui concerne le confort, seule une balle contactée au niveau du "sweetspot" communique aux mains du joueur cette inoubliable sensation de facilité et d'aisance. Pour ce qui est de la santé, les vibrations parasites, produites lors d'une frappe mal centrée, sont finalement absorbées par les tendons des poignets et des coudes.

De fréquentes répétitions de ce phénomène entraînent à la longue l'inflammation de ces tendons. C'est le tennis(golf)-elbow tant redouté.

Etre en possession de clubs qui présentent un "sweetspot "correctement centré dans la zone de frappe est à ce titre essentiel.

Variables au sein d'une même série de clubs :

A l'intérieur d'une même série, les clubs sont ordonnés en fonction de la variation d'un certain nombre de caractéristiques communes.

Toujours en relation avec le principe d'identité de swing, quel que soit le club utilisé, ces variables sont les suivantes :

Le **loft**

Les clubs présentent des faces de plus en plus ouvertes. Cette ouverture - le loft - a deux conséquences :

- *la première, déjà évoquée, entraîne la levée plus ou moins importante de la balle,*
- *la seconde est la communication à la balle d'un mouvement de rotation arrière, un effet "rétro", appelé "backspin".*

Plus le loft est important, plus grande est la quantité de "**backspin**" imprimée à la balle.

Cet effet "rétro" est renforcé par la présence de rainures qui strient la surface de frappe de la face du club.

Le “backspin” ainsi créé, est essentiel pour obtenir une très grande précision dans l’approche du drapeau. Car la balle en reprenant contact avec le sol, sous l’effet du backspin, a tendance à rester sur place. Pour ce genre de coup, les fers courts, gros producteurs de backspin, conviennent parfaitement.

En revanche, pour le putting où l’on cherche à conserver la balle au sol pour la faire rouler vers l’avant, tout backspin doit être supprimé. C’est la raison pour laquelle les putters ont une face parfaitement perpendiculaire au sol (cf. p. 87).

Masses et longueurs

Les indications concernant la masse et la taille des clubs évoquées précédemment, montrent que leur échelonnement au sein d’une même série joue sur une centaine de grammes et sur une vingtaine de centimètres. Les séries “juniors” sont plus courtes que les séries “dames” qui sont plus courtes que les séries “hommes”. Les clubs peuvent toujours être allongés ou raccourcis. Le Pro du club est compétent pour procéder à de telles modifications sur mesure.

Le “putter” est souvent lourd pour atténuer les tremblements parasites et jouer correctement son rôle de pendule.

Le “Lie”

L’inclinaison du manche par rapport au bord inférieur de la tête de club définit un angle : le “**lie**”. Ce “lie” détermine la position du joueur à l’adresse, en particulier sa distance par rapport à la balle. Ainsi, ayant positionné la semelle du club à plat derrière la balle, le “lie” impose une seule position optimale au joueur.

Le lie varie dans des proportions identiques à l’allongement des clubs. Il est inversement proportionnel à leur longueur. Ainsi, le joueur est-il guidé dans son positionnement à “l’adresse”.

Pour une série “standard”, le lie gagne quelques degrés (58° à 64°) du bois n°1 au “S. W.”

CHOISIR SES CLUBS

Pour orienter son choix lors de l'achat de clubs, on retiendra que le bas de gamme est trop souvent fragile : shafts graphite qui se brisent, têtes de club qui se décollent à l'impact, caoutchoucs des grips qui se fendent rapidement, etc.

On choisira, avec l'aide du Pro, une flexibilité de shaft compatible avec ses possibilités. Avec une préférence pour des clubs d'une flexibilité R ou M, pour les raisons de précision et d'efficacité déjà énoncées.

Toutefois, le critère premier est totalement subjectif et pourtant absolument essentiel : il s'agit du "**design**". Certaines formes de clubs conviennent parfaitement à certains joueurs et pas à d'autres. En main, tel club semble au premier abord facile à jouer, tandis qu'il se dégage de tel autre la désagréable impression que jamais on ne sera capable de frapper une seule balle. La confiance dans son matériel doit être totale. C'est elle qui, au final, doit guider le choix.

Les clubs s'achètent en série, en demi-série ou à l'unité. Les séries dites "complètes" sont des "sets" de huit ou neuf fers du 3 au S. W., auxquels s'ajoutent en général trois bois et un putter.

Les demi-séries proposées sont en principe composées d'un bois (3) et de trois ou quatre fers (3, 5, 7, 9 ou S. W.). Un putter est parfois inclus.

Que l'on décide d'acquérir une série, une demi-série ou des clubs à l'unité, on préfèrera toujours un modèle de marque. C'est bien entendu l'assurance d'avoir des clubs avec un "sweetspot" correct et un "swing weight" régulier. Mais c'est aussi la possibilité de pouvoir s'équiper avec les clubs complémentaires plus tard, lorsque le besoin s'en fera sentir. Pour débuter, on pourrait conseiller de choisir des bois oversize à manches graphite, des fers oversize à larges semelles, manches graphite et présentant des repères visuels sur les grips et les têtes. Le putter sera lourd, équilibré, comportant des repères visuels et une surface de frappe avec insert de type balata.

L'acquisition d'une demi-série (bois 3, fers 5, 7, 9, S.W.) et d'un putter de qualité suffit largement... et éventuellement pour longtemps, car le matériel de golf est d'une grande robustesse et d'une grande longévité.

QUELQUES TRUCS

Si, à la longue, les grips de club s'encrassent et deviennent glissants, nettoyez-les de temps à autre à l'eau tiède et au savon de Marseille. Ils retrouvent alors toutes leurs qualités d'adhérence. Les grips devenus lisses, durs ou craquelés doivent être changés. Le Pro est compétent pour procéder à leur remplacement.

On a vu toute l'importance, pour la production de "backspin", des rainures horizontales qui strient la face des clubs. Aussi, après chaque coup, il faut s'assurer que ces stries ne sont pas obstruées (par de la terre par exemple), et les nettoyer le cas échéant, avec les crans du relève-pitches bien sûr !

6

L'Equipement complémentaire

Au-delà des balles et des clubs, d'autres accessoires viennent compléter la panoplie du golfeur. Certains sont indispensables, comme le sac ou les tees. D'autres sont efficaces, comme les chaussures, le gant. Un grand nombre sont parfaitement inutiles... comme tous les gadgets, ils remplissent les caisses de leurs concepteurs et vident l'esprit critique des acquéreurs !

LE SAC

Un bon sac de golf présente les cinq qualités suivantes : imperméable, pratique, rigide, léger et confortable.

- *Imperméable, car le golf est sport d'extérieur. Une petite pluie n'arrête pas le golfeur ! Seuls les orages, par les dangers de foudroiement qu'ils représentent, imposent le repli immédiat vers l'abri le plus proche. Les sacs confectionnés en polyeste ou en nylon sont les plus performants.*
- *Pratique, car il possède de larges poches destinées à recevoir des balles, des tees, un "relève-pitches", une serviette pour nettoyer les balles, les clubs et sécher les grips, un vêtement imperméable. Un anneau permet d'y fixer un parapluie. Les modèles qui possèdent un trépied qui s'ouvre automatiquement quand on pose le sac sont d'une très grande commodité.*
- *Rigide, parce qu'au cours d'une partie, ce sac va être posé au sol et repris une bonne centaine de fois. Un sac rigide est plus facilement manipulable, il protège mieux le matériel.*
- *Léger, car dans des conditions de loisirs, il faut le porter pendant quatre heures environ. C'est le temps moyen mis pour parcourir les dix-huit trous d'un golf. Sur ces quatre heures, vingt minutes sont consacrées au jeu effectif (swing, putting). Les trois heures et quarante minutes restantes sont occupées par les déplacements, et donc aussi au portage de l'équipement. Il est inutile dans ces conditions d'alourdir la charge transportée par le poids excessif du sac. Un sac à vide ne devrait pas dépasser trois kilos.*
- *Confortable, car il doit pouvoir être transporté à l'épaule, sans gêner la marche ni constituer une source de fatigue inutile. On préfèrera un sac doté d'une large bandoulière, facilement réglable et aux*

solides attaches. Certains modèles présentent une double sangle qui permet un portage ergonomique encore plus commode.

LES TEES

Ils permettent de surélever la balle aux départs. A l'impact, ils se brisent ou sont projetés dans des directions parfois improbables. Il s'en perd donc beaucoup. Les "modernes" les préfèrent en plastique, aux couleurs vives. Les "écolos" les choisissent en bois, pour leur naturel et leur biodégradabilité. Ils s'achètent par poignées. On peut les utiliser aussi pour réparer les marques de balle sur les greens, nettoyer les rainures des faces des clubs ou encore désincruster la boue obstruant les alvéoles des balles.

LES CHAUSSURES

Le port de chaussures de golf n'est pas une coquetterie, mais une nécessité liée aux exigences de l'activité : la marche, le swing et... les conditions météorologiques ! Une bonne chaussure de golf présente donc trois qualités : confortable, antidérapante, imperméable.

- *Confortable car lors d'un dix-huit trous, un joueur parcourt environ huit kilomètres. Cette marche s'effectue sur un terrain plus ou moins vallonné, plus ou moins glissant selon les conditions atmosphériques. Une chaussure de golf est donc d'abord une chaussure de marche confortable, respectueuse de l'anatomie du pied et de la mécanique de la marche.*
- *Antidérapante à la fois à l'extérieur et à l'intérieur, parce que le swing est un mouvement d'une assez grande violence, qui nécessite des appuis au sol très*

*solides. A l'extérieur, la chaussure ne doit pas glisser sur le sol : la semelle comporte à cet effet des "clous" (en ang. : "**spikes**") ou des crampons (en ang. : "**soft spikes**") ; ces derniers étant plus adaptés aux terrains secs. A l'intérieur : le pied ne doit pas glisser non plus dans la chaussure. Celle-ci doit être capable d'absorber les tractions résultant du swing, et maintenir parfaitement le pied.*

- *Imperméable, car le golf est un sport "tous temps"et "tous terrains". Quand bien même il ne pleut pas, le gazon est souvent humide en raison de la rosée ou de l'arrosage.*

Chaussures à semelles cloutées ou avec "soft spikes" interchangeables grâce à la clef en premier plan. En arrière-plan, chaussure avec "kiltie".

Il existe trois types de chaussures de golf : les toutes saisons, les chaussures d'été, les bottes. Les bottes sont bien adaptées pour jouer en hiver. Réalisées en caoutchouc, elles sont imperméables, confortables, mais le maintien du pied est faible.

Les chaussures d'été sont confortables, leurs soft spikes bien adaptés aux terrains secs, mais leur imperméabilité est faible.

Parmi les toutes saisons, on retiendra les chaussures dont les semelles peuvent être équipées de clous ou de crampons, selon les nécessités du moment. On préférera les modèles comportant une membrane intérieure, type Goretex, qui assure une parfaite étanchéité. Dans ces conditions, la "**kiltie**" n'est plus que décorative. La "kiltie" (trad. : petit kilt) est la petite bavette si caractéristique des chaussures de golf qui protége les lacets et assure l'étanchéité au niveau du laçage.

LE GANT

L'exécution d'un swing demande une tenue en mains parfaite du club. Bien que les clubs soient déjà pourvus de grips antidérapants, il est opportun de ganter la main gauche, la main faible chez un droitier, pour assurer un maintien optimum.

Ganter l'autre main n'a pas de réelle utilité. Pour cette raison, les gants de golf sont vendus à l'unité. Un bon gant a trois qualités : souple, fin et antidérapant.

- *Souple comme une deuxième peau, car il ne doit pas plisser.*
- *Aussi fin que possible pour ne pas constituer un barrage aux sensations les plus délicates.*
- *Antidérapant, quelles que soient les conditions de température ou d'hydrométrie. Il doit être capable à la fois d'absorber la transpiration des mains et ne pas en augmenter la production.*

Pour ce faire, on choisira un gant très fin (sensations), très ajusté (pas de plis), en cuir (adhérence et transpiration), en sachant qu'aucune autre matière ne donne une qualité de grip équivalente.

Ces gants de cuir s'ajustent sur la main à l'aide d'un "Velcro". On notera la présence d'un bouton-pression. Le bouton s'utilise, pour "marquer" sa balle sur les greens.

Le gant est donc le dernier accessoire à notre sens réellement indispensable. Le "**marqueur**" fait déjà partie de cette seconde catégorie d'accessoires qui ont leur utilité mais ne sont pas essentiels. Ainsi peut-on très bien marquer sa balle avec une pièce de monnaie.

LES ACCESSOIRES UTILES

Parmi ces accessoires secondaires, on en retiendra cinq.

- *Le "relève-pitches" : l'utilité de cette petite fourchette à deux dents a été démontrée.*
- *Le parapluie de golf, toujours vaste car il doit protéger le joueur et son sac.*
- *L'épuisette télescopique pour récupérer les balles tombées dans les obstacles d'eau. De la longueur d'un club, munie à son extrémité d'un petit panier de la taille d'une balle, elle peut atteindre, dépliée, les cinq mètres.*
- *Le chariot aux larges roues pour ne pas abîmer le sol, sur lequel on fixe le sac pour ceux que le portage fatigue. On peut en louer dans les "pro-shops", ou en acquérir. Il en existe de très pratiques qui se replient. Ils ne prennent pas plus de place alors qu'une grande boîte à chaussures. Certains sont équipés d'un moteur électrique. Ils permettent aux plus Anciens de pouvoir s'adonner encore longtemps à leur passion du golf.*

Cependant, dans certains cas, l'utilisation d'un chariot est pratiquement impossible.

Sur des golfs très accidentés, leur emploi se transforme en une véritable épreuve de force physique et d'adresse.

Le chariot devient aussi vite encombrant pour certains joueurs (débutants of course !) qui passent plus de temps dans les roughs et les sous-bois que sur les fairways !

Enfin, il est des golfs où la tradition, le prestige ou l'esthétique du lieu en interdisent l'utilisation, comme le "Old Course" de St ANDREWS par exemple.

› *La voiturette électrique a un statut un peu à part. On la loue pour un parcours. Au même titre que le chariot électrique, elle soulage les Seniors.*

La voiturette électrique permet aux plus Anciens de pouvoir s'adonner encore longtemps à leur passion du golf.

Cependant certains golfs, en particulier aux Etats-Unis, l'ont rendue obligatoire. Son utilisation généralisée augmente la rapidité du jeu, et par conséquent le nombre de joueurs possible. Il n'est pas certain qu'il n'y ait pas là une dénaturation regrettable de l'activité ... physique.

Quoi qu'il en soit, la voiturette ou le chariot peuvent être bien utiles. En particulier pour transporter les innombrables accessoires de la dernière catégorie. Ces gadgets en tous genres, tous plus ingénieux les uns que les autres, qui constituent pour les parents et amis d'un golfeur une source inépuisable de cadeaux d'anniversaire ! Comme un inventaire à la PREVERT : Le bracelet contre le golf-elbow, le scoreur pour compter les coups, le tapis de practice pour continuer à la maison, le porte-putter quand le sac ne suffit pas, le sac à chaussures, le thermos qui garde le whisky au frais et le thé au chaud, et pourquoi pas les gants en peau de serpent du plus bel effet ?!

7

L'étiquette

L'étiquette est un aspect essentiel et indissociable du règlement du golf. Le mot, quelque peu suranné aujourd'hui, provient du vocabulaire des cours royales. Il y désigne le cérémonial en usage. En adoptant ce vocable, les vénérables ancêtres golfeurs rassuraient les pouvoirs royaux et ecclésiastiques du sérieux et de la légitimité de leur pratique. L'étiquette est l'ensemble des règles qui codifient les comportements et les attitudes fondamentales que doivent adopter les joueurs sur le parcours. Ces règles impératives qui s'imposent à tous garantissent le bon déroulement du jeu. Elles concernent trois domaines : la sécurité, l'égalité et la civilité. Le non-respect de l'étiquette n'entraîne pas de pénalités : il rend le jeu impossible ! C'est pourquoi la même étiquette est respectée partout dans le monde, par tous les golfeurs.

SÉCURITÉ

Lors d'un swing, un golfeur peut blesser son entourage : soit directement en manipulant le club, soit indirectement par de la terre ou des graviers projetés lors de la frappe. La balle est un projectile dangereux qui ne prend pas toujours la direction espérée ! En conséquence, les recommandations de l'étiquette sont à suivre scrupuleusement.

Dès qu'un joueur "adresse" sa balle, toutes les personnes environnantes s'immobilisent, attentives. Au départ, les joueurs en attente sont face à lui.

Au départ, les joueurs en attente sont face au golfeur.

Personne ne bouge, ni ne parle. On se tient éloigné du joueur, jamais directement en arrière, ni en avant !

Quand tous les joueurs d'une partie ont frappé à leur tour leur première balle au départ, ils se rendent alors en direction de leur balle. C'est celui qui est le plus éloigné du trou qui rejoue en premier. Chacun s'immobilise à la hauteur de chaque balle rencontrée, afin de toujours rester hors d'atteinte des trajectoires des balles jouées par les partenaires de jeu.

On attend pour jouer que la partie qui précède soit hors de portée de son meilleur coup. Sur un Par 3, on attend toujours que les joueurs précédents soient en train de se rendre au trou suivant.

Néophytes attention ! Vous qui dépassez rarement les 150 mètres, un jour, par une conjonction de hasards, votre "drive" atteindra à votre plus grande surprise, les 240 mètres ! Aussi ce jour-là, comme les autres, il est préférable que vous ayez respecté la règle de mise à distance !

Pour des raisons compréhensibles de concentration, il règne sur les parcours, mais aussi au practice et sur les putting greens, un certain silence. Les sonneries des téléphones portables sont coupées. La retenue dans l'expression vocale demandée aux joueurs (ni cris ni interpellations) se justifie aussi par la nécessité que chacun puisse bien identifier le cri d'alerte : "**Ball** !" (autrefois : "Fore !")

Car, si à la suite d'une erreur de frappe, vous constatez que votre balle ou celle d'un partenaire se dirige dangereusement vers un joueur, n'hésitez surtout pas à l'alerter par un : "Ball !" sonore. Le joueur ainsi prévenu se recroqueville sur lui-même en se protégeant la tête des bras et des mains. C'est la position de sécurité. Quand vous entendez "Ball !", ne relevez surtout pas la tête à la recherche de cette balle ! L'accident est vite arrivé.

EGALITÉ

Pour qu'il y ait jeu, il faut que chaque joueur rencontre les mêmes conditions de pratique. Ces conditions sont de deux ordres. D'abord, la progression du joueur et de sa balle ne peut être contrariée ou

ralentie par d'autres difficultés que celles liées au terrain (configuration, obstacles, limites) ou aux conditions météorologiques (vent, pluie, etc.). Ensuite, la balle doit toujours être jouée là où elle repose. En conséquence, une règle de l'étiquette garantit cette égalité de conditions pour tous. Chacun est responsable de l'état du terrain, et s'attache à faire disparaître toutes les traces éventuelles de son passage.

Aux départs, les coups d'essais sont réalisés en dehors du tee.

On évite ainsi d'y arracher inutilement des "**divots**", ces touffes de gazon coupées ou arrachées lors de la frappe. Les chariots et les voiturettes ne roulent jamais sur les tees de départ. Les sacs sont posés en dehors.

Sur le parcours, on veille à ce que les "divots" soient aussitôt remis en place et nivelés. Il faudra parfois faire quelques mètres pour les récupérer. C'est ce qui est rappelé par la formule : "Replacez vos divots", inscrite sur les panneaux placés sur le parcours.

Sur les greens, on relève les pitches... même ceux "oubliés" par des joueurs précédents. La surface est fragile. On ne s'y appuie pas sur son putter en attendant son tour de jeu. On évite de piétiner le bord du trou. On veille à ne pas marcher sur les "**lignes de putt**", ces lignes virtuelles qui vont des balles au trou. Une trace de pas peut changer la configuration du terrain et compliquer indûment le putt à suivre.

Le drapeau est retiré et posé avec précaution. Il est replacé comme il convient dans le trou avant que les joueurs ne quittent le green.

Comme pour les tees de départ ou les bunkers, le sac est posé en dehors des greens. Les chariots et les voiturettes n'y roulent jamais.

Dans les bunkers, on ratisse les traces de pas et les traces de clubs après avoir joué. Des râteaux sont disposés à cet effet. Après usage, on les repose de telle sorte que le manche ne risque pas d'empêcher une prochaine balle d'y entrer. S'il n'y a pas de râteau, on nivelle le sable avec un club. On entre et on sort des bunkers par l'endroit le plus bas afin d'éviter d'en effondrer les bords.

On ne joue pas une balle qui repose sur un terrain en réparation (espace délimité par des **piquets bleus**). On la relève pour la dropper en dehors, sans pénalité.

CIVILITÉ

Ces règles de l'Etiquette concernent ce qu'il est convenu d'appeler le savoir-vivre, ou les savoir-faire sociaux. Elles organisent les relations entre les joueurs avec pour finalité, pour tous, le plaisir de jouer. L'objectif principal est de maintenir la continuité de jeu.

A cette fin l'Etiquette établit clairement l'ordre de jeu des joueurs et les priorités. Les simples (1 contre 1), les parties à trois ou à quatre joueurs ont la préséance et le droit de passer tout autre genre de partie. Un joueur isolé n'a aucun droit sur le terrain et laisse passer toutes les parties, quelles qu'elles soient. En conséquence, un joueur seul se joindra à un autre solitaire, à un duo ou un trio. Aussi acceptez toujours le pauvre golfeur solitaire qui vient solliciter votre compagnie ! Les parties de plus de quatre joueurs sont interdites.

Une autre recommandation précise que toute partie jouant le tour complet a le droit de passer une partie jouant un tour incomplet.

Si après avoir joué les neuf premiers trous, vous décidez de faire une pause au club-house, vous aurez l'obligation de laisser la priorité de passage aux parties qui jouent dans la continuité quand vous reprendrez votre partie au n°10.

Les trous se jouent toujours du 1 au 18 en respectant scrupuleusement l'ordre de succession.

Sur le parcours, chaque golfeur ne joue qu'une balle.

Au trou n°1, c'est le joueur au "handicap" le plus bas qui reçoit "l'honneur". En cas d'égalité, on procède à un tirage au sort.

Au départ des trous suivants, l'honneur revient au joueur qui a réalisé le meilleur score au trou précédent. En cas d'égalité, l'ordre du départ précédent est repris. Tout joueur doit être assuré de pouvoir

jouer sa balle là où elle est arrivée. Aussi, pour éviter toutes confusions malencontreuses, au départ chacun mémorise et annonce l'inscription qui figure sur sa balle.

On ne ramasse jamais une balle rencontrée sur le parcours... Elle est toujours à quelqu'un qui joue sur un autre trou... parfois fort éloigné !

Sur les greens, comme sur les fairways, c'est celui qui est le plus éloigné du trou qui a la priorité. Les joueurs quittent le green dès qu'ils ont terminé de jouer le trou. Ils attendent d'être au départ du trou suivant pour remplir la carte de score.

Quand on n'est pas en compétition et que le putt d'un partenaire s'immobilise à une quinzaine de centimètres du trou, il est d'usage de "donner" le coup. Le partenaire est dispensé de jouer ce denier putt. Il relève sa balle et compte tout de même un point pour le "**donné**". Il est savoureux de constater que dans ce cas les Anglo-Saxons disent : "It's a gimme". Gimme est la contraction de "give me" (trad. : Donne-moi). Deux cultures pour une même pratique : ici on accorde, là on demande. Toujours pour garder du rythme au jeu, lors des parties amicales, ne jouez jamais plus de trois putts. Si votre balle n'est toujours pas entrée, comptez un point supplémentaire, et considérez le trou comme terminé.

Sur le parcours chaque joueur possède son propre matériel. Il est en effet impossible de conserver la continuité du jeu si l'on doit passer d'un côté à l'autre du fairway pour se prêter un fer 7, et d'un côté à l'autre des greens pour se prêter un putter. A chaque joueur ses clubs !

Quand une balle est perdue, le règlement en autorise la recherche pendant cinq minutes au maximum. L'étiquette précise qu'avant d'entamer cette recherche, il convient le cas échéant de laisser passer la partie suivante.

On signale alors clairement aux joueurs qui suivent de passer. On ne rejoue que lorsque ceux-ci sont effectivement passés et hors d'atteinte. D'une façon générale, on retiendra que toute partie rattrapée sur le parcours par la partie suivante laisse le passage. On évite ainsi de donner naissance à des "**killers**" (trad. : tueurs), ces golfeurs excédés

par la lenteur de la partie précédente, qui forcent le passage à l'encontre de toutes les règles de sécurité.

On se souviendra pour conclure, que chaque partie, de deux à quatre joueurs, a le droit d'évoluer sur le parcours à son propre rythme, à condition de respecter le rythme des autres parties.

- *En corollaire, dans l'intérêt de tous, évitez toute lenteur excessive.*
- *Marchez d'un bon pas entre les coups.*
- *Ne jouez qu'une seule balle.*
- *Et surtout ne rejouez pas les coups que vous estimez indignes de vos possibilités : restez humain... donc perfectible !*

Le respect de l'Etiquette par tous est simplement la condition de l'existence du jeu pour tous.

Le non-respect des quelques règles qui constituent l'Etiquette n'entraîne aucune sanction ou point de pénalité. Aussi, est-il plus juste de parler de recommandations. Celles-ci sembleront à certains restrictives, contraignantes, abusives, dans cet espace de liberté qu'est le golf. Pourtant, elles ne sont ni arbitraires, ni superflues, mais simplement raisonnables. Le respect de l'Etiquette par tous est simplement la condition de l'existence du jeu pour tous.

De surcroît, c'est l'assurance de conserver au golf son atmosphère chaleureuse et courtoise, sa convivialité, toutes ces particularités qui en font un lieu privilégié de qualité de vie.

8

Différentes formules de jeu

Il existe diverses façons de jouer au golf. On y joue un peu comme on joue aux cartes. Avec un jeu de cartes, on peut faire des réussites, jouer à la crapette, à la bataille, au rami ou au bridge. De même, sur un parcours, avec des clubs et une balle, de nombreuses formules de jeu sont possibles.

Pour l'essentiel, le golf résulte de la combinaison de deux dimensions. Une dimension technique qui repose sur les capacités du joueur à envoyer la balle loin ou près, mais toujours avec précision. Une dimension tactique fondée sur la justesse des choix à opérer en fonction des conditions de jeu, du score, mais aussi de la formule de jeu à laquelle on se livre. Chaque forme de jeu appelle une stratégie particulière cohérente avec les compétences golfiques de chacun. Cette grande variété

dans les formes de jeu permet aux organisateurs de tournois non seulement de conférer à leurs compétitions un caractère original, mais aussi de répondre à la diversité des publics.

Les joueurs trouvent dans cette multiplicité un moyen de varier leur approche du jeu et, en dehors des compétitions officielles, d'adapter leur loisir en fonction de contraintes ponctuelles : nombre de partenaires, encombrement éventuel du parcours, condition physique et psychique du moment, temps à consacrer au jeu, etc.

Il existe deux types de compétitions de golf, à partir desquels plusieurs variantes ont été imaginées. Ces compétitions de référence sont : "le **stroke play**" encore appelé "**medal-play**" et le "**match-play**". On y joue en simple ou en équipe, en golf on parle alors de "**camp**". Le "camp" est composé d'un ou deux joueurs en compétition "Messieurs", de une ou deux joueuses pour les compétitions "Dames".

Quand le camp est composé d'une femme et d'un homme, la composition du "camp" est dite "mixte".

Quand pour une compétition la composition du camp est libre, celle-ci est déclarée : "**mixed up**".

La compétition "**Pro-am**" est une autre originalité que propose le golf. Les camps en jeu sont constitués par un professionnel associé à des amateurs, procurant à ces derniers le souvenir inoubliable d'avoir côtoyé la perfection le temps d'un dix-huit trous.

LE "STROKE PLAY"

C'est la forme de jeu à la fois la plus ancienne, la plus simple et la plus connue.

En "stroke play" (trad. : compétition par coups), le vainqueur est celui qui joue le plus petit nombre de coups pour réaliser un "**tour**", c'est-à-dire les dix-huit trous d'un parcours.

Certains "stroke play", comme les compétitions professionnelles, se jouent sur quatre tours, durant quatre jours consécutifs. Le vainqueur

est le joueur qui obtient le score le plus bas, après addition des scores partiels réalisés sur les quatre tours. Dans ce type de compétition, seul le score brut ou "**scratch**" (trad. : sans handicap) est pris en compte.

Quand des joueurs terminent à égalité, ils partent en "**play off**". Des trous supplémentaires sont joués jusqu'à ce que les concurrents soient finalement départagés et qu'il ne reste qu'un vainqueur.

Lors des compétitions en "stroke play" à handicap, deux vainqueurs sont désignés : un vainqueur en score brut et un vainqueur en score net. Le score net est le score brut pondéré par le handicap. Eventuellement il s'agira du même joueur.

LE "MATCH-PLAY"

Dans cette formule de jeu, les adversaires s'affrontent au trou par trou, sur un tour. Le concurrent qui entre sa balle avec le plus petit nombre de coups, gagne le trou.

L'addition des trous gagnés détermine le vainqueur. Dans un "match-play" à handicap, c'est le score net qui est retenu pour désigner le gagnant du trou.

La colonne des "**coups reçus**" que l'on trouve sur les cartes de score prend ici toute son importance. Cette colonne attribue à chaque trou un classement de 1 à 18 par ordre décroissant de difficultés.

Schématiquement, si le trou n°1 est classé 6, en "match-play" à handicap, les joueurs de handicap inférieur à 6 doivent jouer le Par. Leur score brut égale leur score net. En revanche, les joueurs dont le handicap est compris entre 6 et 24 déduisent un coup de leur score brut pour obtenir leur score net. On compare alors les marques pour désigner le vainqueur.

Si les adversaires entrent la balle avec le même nombre de coups, il y a égalité, le trou est dit "**partagé**".

En "match-play", les trous déjà joués sont "**up**" ou "à égalité", les autres sont à jouer.

On est "**dormie**" lorsqu'il reste à jouer autant de trous que l'adversaire en a déjà gagné. Dans ce cas-là, on ne pourra, au mieux, que réaliser un match nul.

Les parties en "match-play" s'arrêtent donc souvent avant le dix-huitième trou. Car, quand il ne reste que trois trous à jouer et que l'un des compétiteurs a déjà gagné quatre trous de plus que son adversaire, il est inutile de jouer plus longtemps... On dit que le vainqueur a gagné "4 et 3" et on passe directement au dix-neuvième trou !

Parmi les formes de jeu originales qui se jouent en simple, signalons :

LE "STABLEFORD"

On y joue en stroke play. Des points sont obtenus en fonction de la différence entre le score réalisé et le Par du trou joué :

- *0 point pour un double bogey et plus (deux coups et plus au-dessus du Par)*
- *1 point pour un bogey (un coup au-dessus du Par)*
- *2 points pour le Par*
- *3 points pour un birdie (un coup en dessous du Par)*
- *4 points pour un eagle (deux coups en dessous du Par)*
- *5 points pour un albatros (trois coups en dessous du Par)*

Le vainqueur est le joueur qui totalise le plus grand nombre de points.

Cette formule est sinon intéressante du moins flatteuse pour les débutants. On peut manquer complètement un ou deux trous et réussir néanmoins un score honorable.

LE "SCRAMBLE"

Cette formule accélère le jeu et permet de minorer les effets des coups manqués. Au départ, chaque joueur joue une balle. Le second

coup est joué de l'endroit où repose la meilleure des balles. Et ainsi de suite. Les balles relevées sont droppées au niveau de la meilleure des balles, sans pénalité.

Le scramble en simple est idéal pour les débutants. Il peut réunir deux, trois ou quatre joueurs. C'est une façon ludique d'aborder les parcours sans risque de retarder d'autres parties.

Joué en camp, le scramble est une formule de compétition. Dans chaque camp on joue la meilleure balle de l'endroit où elle repose.

"CONTRE LE PAR"

L'épreuve se joue contre un score fixé pour chaque trou : le Par du trou.

La manière de compter est celle employée en match-play. En "match-play par handicap", c'est le score net qui est comparé au Par, d'où l'importance de nouveau des "coups reçus".

LE "NASSAU"

C'est une formule de jeu dite aussi de "Trois matches en un", qui se joue en "stroke play".

- *1 point est attribué au vainqueur d'un premier match : celui qui joue le moins de coups sur les neuf premiers trous ;*
- *1 point est attribué au vainqueur du deuxième match : le moins de coups sur les neuf derniers trous ;*
- *1 point, enfin, est attribué pour la totalité des dix-huit trous. L'addition des points détermine le vainqueur du "Nassau".*

Il existe aussi des formules judicieuses qui permettent à trois joueurs de se confronter.

LE "THREESOME"

Le "threesome" peut être joué en "match-play" ou en "stroke play".

Dans un "threesome", un joueur est en compétition contre les deux autres réunis dans un même camp. Chaque camp joue une balle.

Les deux joueurs regroupés en équipe jouent alternativement la même balle sur le parcours. Ils prennent les départs en alternance. L'un joue le premier à tous les départs impairs, l'autre à tous les départs pairs.

LE "BEST-BALL"

C'est une partie en match-play où un joueur joue contre la meilleure balle de deux ou trois joueurs réunis en camp.

LA "CHOUETTE"

On distribue six points pour chaque trou : quatre points reviennent au meilleur, deux points au second, zéro au troisième. En cas d'égalité pour la première place, trois points sont donnés aux premiers, aucun au dernier. En cas d'égalité pour la deuxième place, le premier a quatre points, les seconds un point. En cas d'égalité entre les trois joueurs, chacun reçoit deux points. Le vainqueur est le joueur qui totalise le plus grand nombre de points à la fin du tour.

Plusieurs formules enfin permettent à quatre joueurs de se retrouver.

LE "FOURBALL MATCH"

Deux joueurs réunis en camp jouent en "match-play" la meilleure balle de l'un des deux contre la meilleure de l'un des deux équipiers de

l'autre camp. Cette formule est aussi jouée en "stroke play". Dans ce cas, le meilleur score obtenu par l'un des équipiers est le score retenu pour le trou.

LE "GREENSOME"

C'est un match par équipe de deux. Chaque joueur joue le premier coup. Puis dans chaque camp on choisit la meilleure balle et l'on termine le trou en jouant alternativement.

LE "FOURSOME"

Oppose deux équipes de deux joueurs. On ne joue qu'une seule balle par camp. Chaque joueur de chaque camp joue alternativement la balle du départ jusqu'au trou. Un joueur débute donc le jeu sur tous les trous impairs, l'autre sur les trous pairs.

Comme pour le threesome, on peut jouer en "match-play" ou en "stroke play".

LE "PATSOME"

C'est un match par équipe de deux. Les six premiers trous sont joués en "Fourball Match". Les six trous suivants en "Greensome" et les six derniers en "Foursome".

LE "CHAPMAN"

Chaque camp est formé de deux joueurs. Chaque concurrent joue une première balle. Pour le second coup, chacun joue la balle de son coéquipier. Puis chaque camp choisit la meilleure balle pour la jouer alternativement jusqu'à la fin du trou.

LE "SHOT GUN"

A proprement parler, ce n'est pas une formule de jeu, c'est un mode d'organisation. Généralement les compétiteurs prennent leur départ à la suite les uns des autres, en commençant par le trou n°1. Pour faciliter l'organisation (heure de départ, attente des derniers compétiteurs), on a parfois recours au "shot gun" (trad. : coup de fusil). On répartit alors les joueurs aux départs de tous les trous du parcours et le jeu commence pour tous au signal sonore. Toutes les parties finissent donc en même temps et la promulgation des résultats n'en est que plus conviviale.

Signalons pour l'anecdote, qu'en souvenir du temps où archers et golfeurs se disputaient les links de MUSSELBURGH (cf. chap. 2), des compétitions sont parfois organisées pour opposer une équipe de deux archers à deux golfeurs. Tandis que les golfeurs font progresser leurs balles vers le trou, les archers avec leurs flèches tentent d'atteindre une cible installée non loin du drapeau.

On le voit, les golfeurs ont su créer une extrême variété de compétitions, tout en préservant la logique du jeu et son pouvoir ludique.

Cependant, l'essence du golf c'est d'être avant tout "une belle promenade gâchée par une petite balle". La compétition y fait figure d'ornement. Le jeu se suffit à lui-même. Sur un parcours de golf, il est si simple de vivre un espace de liberté entre amis, avec ou sans carte de score !

9

Description traditionnelle du swing

On appelle "**swing**" (trad. : balancement) le mouvement qu'exécute le golfeur pour frapper la balle. Ce geste technique complexe demande la mise en mouvement coordonnée de 169 muscles ! A l'exception du putting, et de certains coups particuliers (cf. chap. 12), le golfeur est conduit à réaliser le même geste quel que soit le club utilisé. Chaque joueur s'applique à se construire un "swing" efficace. C'est-à-dire un geste à la fois performant et reproductible. La reproduction à l'identique du swing, dans des conditions variables (stress, fatigue, équilibre, climat, etc.) tout au long du parcours, est au cœur de l'apprentissage. C'est la compétence à acquérir pour réussir.

A partir des années trente, particulièrement sous l'influence des professeurs américains en recherche d'un enseignement efficace du golf, les études techniques consacrées au swing se sont multipliées. Très rapidement, on a constaté que les champions avaient des swings qui, pour être ressemblants, n'étaient cependant pas exactement identiques.

On a alors entrepris de définir les principes fondamentaux, les invariants que l'on retrouvait dans tous les swings. Cette détermination fut d'abord réalisée à partir de la comparaison de chronophotographies de joueurs de haut niveau. L'analyse du swing est alors confondue avec la description des mouvements réalisés par la plupart des champions.

La méthode a ses limites, les chronophotographies ayant l'inconvénient majeur d'évacuer les aspects dynamiques des mouvements représentés. Pour approcher la vérité du geste, le besoin de s'appuyer sur d'autres connaissances que la simple description, s'avérait nécessaire. Il sera fait appel comme on le verra plus loin à l'analyse biomécanique.

Toutefois, la description traditionnelle du swing, découpée conventionnellement en cinq séquences, offre une vue claire et synthétique du mouvement. Elle a donné naissance à un vocabulaire technique descriptif spécifique. Certains termes ont conservé leur origine anglaise. Avec le temps, la plupart ont trouvé leur traduction.

On distingue cinq phases successives dans un Swing : l'**Adresse**, la Montée ou la prise d'élan (en ang. : "**Back Swing**"), la Descente (en ang. : "**Down swing**"), l'Impact (en ang. : "**Follow through**", trad. : passage au travers de la balle) et le **Finish**.

L'ADRESSE

C'est la position que prend le joueur devant la balle avant l'exécution du coup, pour viser à la fois le drapeau... et la balle.

Pour réaliser correctement cette double visée, plusieurs conditions sont prises en compte :

- *La position du joueur par rapport au drapeau.*
- *La position du joueur par rapport à la balle.*
- *La position de la balle sur le chemin de la tête du club. Ce chemin est la ligne virtuelle que parcourt le club lors du swing.*

Position du joueur par rapport au drapeau

Avant de frapper la balle, le golfeur "s'aligne" sur la cible. "**S'aligner**" consiste à se positionner correctement pour envoyer la balle vers le but visé. Pour ce faire, on détermine "la ligne de vol", c'est-à-dire la trajectoire théorique idéale que la balle devrait suivre pour atteindre au mieux l'objectif que l'on s'est fixé. Cette ligne droite virtuelle va de la balle au drapeau ou à un repère quelconque choisi sur le parcours.

En golf, on ne vise pas en regardant l'objectif, le drapeau, mais en regardant le projectile, la balle. Un peu comme si au tir à l'arc on regardait la flèche et non la cible ! On est donc face à la balle et de profil par rapport au drapeau. S'aligner revient donc à se placer perpendiculairement à la ligne de vol. On dit être "**square**" (trad. : à angle droit).

Le "stance"

C'est la position des pieds à l'adresse. Le "**stance**" organise l'orientation du joueur par rapport à la cible. Il détermine aussi la qualité des appuis, responsables de l'équilibre du corps sur lequel se construit le swing. Les pieds étant perpendiculaires à la ligne de vol, on distingue :

- *le stance "square" : les pieds sont parallèles entre eux,*
- *le stance "ouvert" : le pied gauche est légèrement en retrait du pied droit,*
- *le stance "fermé" : le pied droit est placé en retrait par rapport au pied gauche.*

L'avancée ou le retrait d'un pied ne jouent que sur quelques centimètres. L'ouverture ou la fermeture du stance selon la longueur du club utilisé est une variable sur laquelle on peut s'appuyer pour obtenir une plus grande précision. Certains considèrent que dans ce domaine un gain significatif est obtenu en faisant varier le stance en fonction du club choisi.

Le principe est alors le suivant : le fer n°7 représentant la longueur moyenne des clubs, auquel correspond un stance "square" parfait, on peut fermer le stance au fur et à mesure que l'on utilise des clubs plus longs, et à l'inverse ouvrir le stance pour les fers plus courts.

Dans tous les cas cependant, les pieds restent parallèles entre eux. Leur écartement correspond à la largeur des épaules du joueur. Le poids du corps est régulièrement réparti sur les deux pieds, plutôt sur les deux

À l'Adresse.

tiers avant, ce qui confère au golfeur un équilibre dynamique. Cette position active est renforcée par le léger fléchissement des genoux.

Le corps est incliné vers la balle le dos "plat", le bassin en antéversion (on "sort les fesses"). Le regard "domine" la balle.

Dans cette position, les bras pendent naturellement et sont libres de se balancer d'arrière en avant, dans le plan frontal.

La **ligne des épaules**

Celle-ci est parallèle à la ligne de vol. On parle alors d'épaules "square". La ligne des épaules est dite "ouverte" quand l'épaule gauche se tient en retrait par rapport à la droite. Elle est dite "fermée" quand c'est la droite qui est en retrait par rapport à la gauche. Différents effets peuvent être ainsi obtenus, en combinant aux trois positions de base du stance, les trois positions des épaules.

La **tête**

La tête ne présente ni flexion, ni extension. Elle est naturellement alignée dans le prolongement de la colonne vertébrale - ce qui se traduit par un menton dégagé.

Position du joueur par rapport à la balle

La longueur du club détermine en premier lieu la distance qui sépare le joueur de la balle.

Cette position est aussi définie, dans une moindre mesure, par l'orientation de la face du club. Enfin, un swing optimum est obtenu quand la face du club est square par rapport à la ligne de vol. Le bord inférieur de la tête du club, sur toute sa longueur, est alors parallèle au sol.

L'**orientation de la face du club**

Comme pour le stance, on décrit trois positions fondamentales :

- *Le club est "square" quand la face est perpendiculaire à la ligne de vol.*
- *Le club est dit "ouvert" quand la face du club est orientée vers la droite de la cible.*
- *Le club est dit "fermé" quand la face du club est orientée vers la gauche du drapeau.*

L'orientation des faces de club

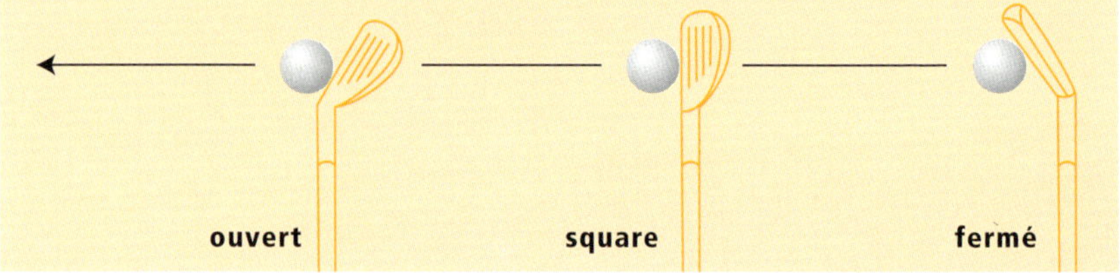

Pour autant, excepté dans la recherche d'effets particuliers à appliquer à la balle, on joue avec une face de club "square".

Ainsi à l'adresse, après avoir déterminé la ligne de vol, on positionne la face du club square en fonction de celle-ci. Le bord inférieur de la tête du club est alors perpendiculaire à la ligne de vol.

Puis tout le corps - stance, ligne des épaules, tête - s'organise à partir de cette position, de telle sorte que la face du club conserve l'orientation choisie. Le club est à présent convenablement pris en mains.

Le meilleur swing : l'option "all square"

Le "grip"

Le "**grip**" est la partie caoutchoutée du manche, la poignée du club. C'est aussi le terme employé pour décrire la manière de le tenir en mains.

Le "grip" en tant que point de conjonction entre le club et le corps a une importance décisive. De sa qualité dépend l'efficacité du swing.

On peut tenir le club de plusieurs manières, mais le grip dit "VARDON" se révèle le plus adéquat. Il est aujourd'hui le plus utilisé et il a évincé peu à peu d'autres formes, comme le "**base-ball grip**" ou l'"**interlocking**" par exemple. Dans le "base-ball grip", les mains sont placées l'une après l'autre sur le manche. Dans l'"interlocking", l'auriculaire droit vient crocheter l'index gauche pour solidariser les deux mains. Ce grip est encore conseillé aujourd'hui pour celles et ceux qui ont de petites mains.

On place d'abord la main gauche sur la partie supérieure du grip pouce dessus.

Le grip VARDON tire son nom de son créateur, Harry VARDON, six fois vainqueur du British Open, qui au début du siècle était "Pro" au SOUTH HERTS GOLF CLUB, au nord de LONDRES.

Dans le grip VARDON, on place d'abord la main gauche sur la partie supérieure du grip. Celui-ci est tenu au niveau des doigts, pouce dessus.

Maintenu verticalement, tête en haut, le manche du club décrit un angle droit avec l'avant-bras. Le manche ne doit en aucun cas être tenu dans la paume. Puis on s'assure que le pouce gauche repose bien sur les repères gravés à cet effet sur le grip. Le club est alors convenablement orienté.

Le manche du club décrit un angle droit avec l'avant-bras.

On pose ensuite la main droite de telle sorte qu'elle enveloppe à la fois la partie inférieure du grip et une partie de la main gauche. Pour ce faire, l'auriculaire de la main droite recouvre l'espace interdigital compris entre l'index et le majeur gauches. Les deux mains ainsi sont unies. Elles constituent un solide bloc de transmission. Cette façon particulière de tenir le club, appelée "grip overlapping", présente sur toutes les autres deux avantages : ce grip oblige les mains à travailler conjointement et néanmoins les poignets sont libres de leurs mouvements.

Le Grip VARDON

Ils contribueront ainsi positivement- nous le verrons - à la réalisation du swing.

On distingue dans cette façon de tenir le club trois variantes possibles :

- *Le grip "**square**" quand les mains placées également en semi-supination viennent enserrer naturellement le manche du club. Les paumes se font face. Le dos de la main gauche "regarde" l'objectif.*
- *Le grip "**fort**" : le bloc fait par les deux mains a tourné de quelques degrés en arrière par rapport à la cible. Le dos de la main gauche est orienté vers le haut, celui de la main droite vers le sol.*
- *Le grip "**faible**" est l'inverse du précédent. La main droite dissimule aux yeux du golfeur sa main gauche.*

Un grip "square" confère une trajectoire rectiligne à la balle. Un grip "fort" provoque des trajectoires de balles dirigées vers la droite de l'objectif. Le grip "faible" à gauche.

Pour contrer toute action inopportune de la main droite sur le club, certains conseillent de réaliser une "**gâchette**" (cf. photo p. 206). Le pouce vient prendre appui sur la dernière phalange de l'index droit. Il ne repose plus sur le côté du manche. Par cette astuce, on évite les conséquences des contractions inutiles, source de déconvenues. Car si le club doit être tenu fermement, il ne doit pas l'être excessivement. Le conseil est souvent illustré par l'exemple de la rose ou du petit oiseau. Si l'on tient trop lâchement, la rose tombe ou le petit oiseau s'envole. Si l'on tient trop fortement, on se pique ou on étouffe l'oiseau ! Un bon grip est un grip "square", sans excès. Décidément, le golf n'est pas un sport de l'extrême, ou alors de l'extrême mesure !

Position de la balle sur le chemin de la tête du club

Un swing de golf peut se décrire comme la portion de cercle que parcourt la tête du club, de l'adresse au finish, en passant par la prise d'élan, la descente et l'impact. On parle d'"**arc de swing**". A l'impact, la "ligne de vol" est tangentielle à l'arc de swing. Une balle peut donc être jouée plus ou moins tôt selon la position qu'elle occupe à l'intérieur du stance, sur le chemin de la tête du club. Certains considèrent qu'il existe une position idéale où le club est à son efficacité maximum en fonction de son ouverture, de son "loft".

Avec un "driver", il conviendrait de frapper la balle à hauteur du talon gauche, tandis qu'avec un fer 9, on placera la balle au milieu du stance. Des positions intermédiaires correspondent aux clubs intermédiaires.

En conséquence, toutes choses étant égales (club, stance, épaules, etc.), selon l'endroit où est située la balle au moment de la frappe, on obtient des trajectoires différentes.

Le principe général est le suivant : quand la balle est frappée tôt, la face du club est fermée. En conséquence, la trajectoire est plus basse que celle attendue ; la portée éventuellement plus longue.

A contrario, quand la balle est frappée tard, la face du club est ouverte. La balle monte, et sa portée est moindre.

Cette variation du niveau de l'impact présente, comme les variables précédentes, trois possibilités : "square", "tôt" ou "tard".

L'adresse assure à la fois la précision de la frappe de la balle et la précision de la trajectoire. De surcroît, elle organise l'équilibre sur lequel se construit la prise d'élan responsable de la longueur des portées.

LE BACKSWING

C'est la montée du club en arrière de la balle. C'est une prise d'élan. On y distingue plusieurs éléments. Certains sont des trucs ou des tics suffisamment répandus pour être décrits, même si leur reproduction n'est pas nécessaire à la réalisation d'un bon swing.

Ainsi en va-t-il du "**waggle**" (trad. : remuer) qui consiste, à l'adresse, à balancer le club d'arrière en avant par de petites actions des poignets. Le "waggle" agit comme une aide à la concentration et à la décontraction.

Pour des raisons similaires, des joueurs ne débutent la prise d'élan qu'après avoir effectué un "**forward press**" (trad. : appui avant). La semelle du club reposant sur le sol, derrière la balle, le joueur y prend appui pour avancer son grip, au-delà de la balle, vers le drapeau.

Ces tics compliquent inutilement la réalisation d'un geste déjà complexe. Le swing doit être reproduit à l'identique dans des conditions variables. Le meilleur des swings est à cet égard le plus simple à reproduire.

Le "take away"

La prise d'élan commence simplement par le "**take away**" (trad. : emporter). La tête du club est "emportée" en arrière d'une quin-

zaine de centimètres, sur une ligne parallèle au sol, dans le prolongement de la ligne de vol.

Ce recul est obtenu par l'armé des poignets. Le système grip-club forme alors un angle de 90° avec les avant-bras.

A la fin du "take away", le club dirigé vers l'arrière est parallèle au sol.

La montée proprement dite

A la suite du "take away", le club est amené en position haute par la rotation des épaules autour de l'axe vertical constitué par la colonne vertébrale. La tête du club décrit un arc de cercle inscrit dans un plan, le plan de swing. Le club est ainsi amené au-dessus et en arrière du golfeur.

A la fin de la montée

Au cours de la rotation des épaules, le bras gauche reste allongé, sans crispation, tandis que le bras droit se fléchit pour faciliter la rotation. Le coude droit est proche du corps et pointe vers le sol. L'épaule gauche passe naturellement sous le menton. Le regard reste sur la balle. Le poids du corps est déplacé par translation horizontale vers le pied arrière. Les muscles puissants du corps ainsi mis en tension, sont prêts à restituer toute l'énergie emmagasinée pour créer un swing puissant.

Au cours de cette montée, deux nouvelles variables sont mises en évidence : le plan de swing et la longueur de l'arc de swing.

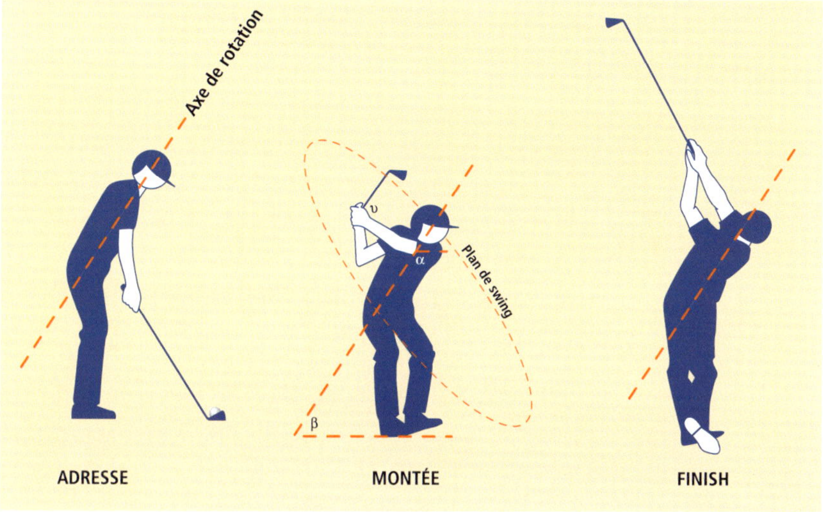

Le **plan de swing**

Le chemin de la tête du club est inscrit dans un même plan. Le plan de la descente est donc identique à celui de la montée. L'orientation de ce plan par rapport au sol peut varier. On distingue ainsi :

- *Le swing "square" qui présente une orientation du plan de swing identique à celle mise en place à l'adresse. L'angle d'ouverture des bras avec le tronc est conservé pendant la rotation.*
- *Le "**flat swing**" (trad. : swing à plat) : les épaules tournent, mais les mains restent basses.*

- *L'"**up right swing**" (trad. : swing vertical) dans lequel les mains montent, mais les épaules ne pivotent pas.*

Ces variations dans l'orientation du plan de swing peuvent être recherchées pour la production de trajectoires particulières, d'effets, ou révéler des fautes techniques.

La **longueur de l'arc de swing**

La longueur de l'arc de swing est déterminée par l'importance de la montée. La variation dans la dimension de la prise d'élan peut être recherchée ou révéler des fautes techniques. On peut chercher à réduire volontairement l'arc de swing, comme dans le petit jeu, pour obtenir plus de précision. Cette réduction peut être négative quand elle détruit tout rythme et toute amplitude au swing. Ce qu'en tennis on appelle "jouer petit bras".

Au contraire, l'arc de swing peut être allongé par une rotation forcée des épaules, au-delà de 90°. On parle alors d'"**overswing**". Certains affirment aujourd'hui qu'il s'agit d'une nouvelle technique, issue de la technique des lancers athlétiques. Comme dans la technique du lancer de disque, on cherche à allonger le chemin de lancement, ici l'arc de swing. On augmente ainsi le temps d'action sur le club. On attend un gain de distance parcourue par la balle par l'énergie supplémentaire qui a pu être appliquée. Le joueur le plus représentatif de cette école est : J. DALY. Pour d'autres, l'overswing est une faute majeure qui obère contrôle et précision.

Rotation complète, restreinte ou "overswing", il y a là encore trois aspects d'une nouvelle variable mise en jeu lors du swing.

Le backswing est arrivé à son terme, toutes les données ont été programmées. Au sommet de la montée, le mouvement s'arrête un court instant, le temps s'inverse, la descente peut commencer.

Au sommet de la montée, le mouvement s'arrête un court instant, le temps s'inverse.

Les caractéristiques constitutives du swing sont pour l'essentiel réunies à la fin du backswing. On peut même dire que de la qualité de l'adresse et de la prise d'élan dépend la qualité du swing. Car tout fonctionne ici selon le fameux principe des informaticiens, du "GIGO" : "garbage In, garbage Out". Autrement dit, si l'on entre de pauvres données, on n'obtient qu'un pauvre swing !

Ainsi, précision et longueur, les deux éléments fondamentaux du swing, ont été mis en place respectivement à l'adresse et à la montée (phase In). La fin du mouvement n'est pratiquement que la conséquence (phase Out) de cette préparation.

LA DESCENTE

On emploie peu le terme anglais de "**downswing**" pour décrire cette phase qui succède à la montée et précède l'impact.

C'est au cours de la descente que s'opère la rotation inverse des épaules, la détorsion du corps toujours autour de l'axe constitué par la colonne vertébrale. Le poids du corps est transféré sur le pied gauche qui sert de point de fixation, de blocage.

La détorsion du corps transmet au club son accélération. Le regard est toujours sur la balle.

Il existe une relation rythmique entre la montée et la descente. On parle à ce propos de "tempo". On décrit la prise d'élan comme un temps faible, la descente comme un temps fort. Plus musicalement encore, on associe la valeur d'une blanche pour le backswing, et d'une noire pour le downswing.

L'IMPACT

C'est l'instant éphémère et déterminant où la face du club entre en contact avec la balle. L'idéal étant bien sûr que celle-ci soit frappée "dans le gras du club" au "sweetspot".

L'instant est si bref qu'on a éprouvé la nécessité d'élargir dans l'espace le moment. On parle ainsi souvent de "**follow through**", qui débute une dizaine de centimètres avant la balle et se termine une dizaine de centimètres après l'impact.

Ce terme de "follow through" (trad. : traversée de la balle) est une façon de visualiser le geste. Le fait de penser "follow through" implique l'obligation de continuer le swing au-delà de la balle pour un impact de qualité.

En tout cas, le swing ne vient pas s'arrêter sur la balle. Toute décélération de la tête du club est néfaste à la conservation du mouvement, et en particulier à la qualité de l'impact.

Le poids du corps se déplace sur le pied avant. Ce blocage sur le pied gauche du transfert de poids conserve l'accélération, ajoute de la vitesse et de l'énergie. Lors de l'impact, les poignets, armés le plus longtemps possible, repassent par la position square, pour s'enrouler naturellement vers l'avant.

Un effet de fouet est ainsi créé qui accroît notablement la puissance de frappe. Si la rotation des épaules est le moteur du swing, les poignets en sont le booster !

La tête est toujours au-dessus de la balle. Le golfeur est à même de voir son club entrer au contact de la balle.

Par ailleurs, des variations au niveau du "take away" conduisent mécaniquement à des variations dans l'orientation du plan de swing par rapport à la ligne de vol.

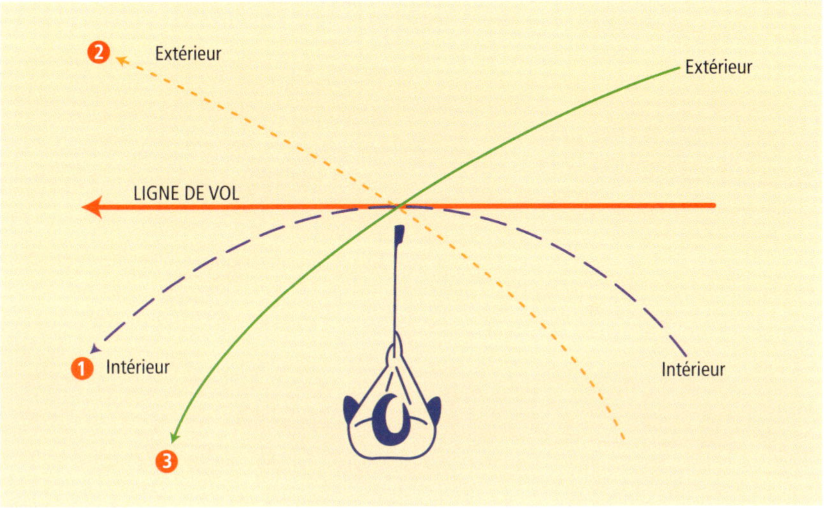

Les chemins de la tête du club

Il en résulte des chemins différents parcourus par la tête du club pour venir frapper la balle à l'impact. On en repère ainsi trois caractéristiques :

- *le chemin Intérieur-Intérieur,*
- *le chemin Extérieur-Intérieur,*
- *le chemin Intérieur-Extérieur.*

Ces chemins ont une incidence capitale, nous le verrons, sur la formation des trajectoires.

LE FINISH

Il constitue la partie finale du swing. Le golfeur solidement ancré sur sa jambe gauche, laisse se terminer la rotation des poignets, des épaules. Le club vient se placer, sous la force de l'élan, au-dessus de l'épaule gauche. Le coude gauche pointe vers le sol. Le pied droit repousse le sol pour conduire à son terme le transfert du poids du corps vers le véritable butoir que constitue le pied gauche.

Le finish

Pour assurer une poussée complète, la partie avant du pied droit pivote vers l'intérieur du stance, en direction de la cible. Le talon droit se soulève. Le bassin est orienté à présent vers la cible. On conseille de "mettre le nombril au drapeau". Ceci assure une bonne fin de réalisation du geste, essentiel pour la précision. Cependant, un problème récurrent hante les conversations au Club-House : " Que faire de la tête ?"

Car un regard qui abandonne la balle avant l'impact, c'est une tête qui se relève. Comme celle-ci est solidaire de l'axe de rotation, toute l'organisation du corps mise en place autour de cet axe se trouve détruite en quelques centièmes de seconde. A ces vitesses de réalisation, toute correction est impossible. L'échec du swing est annoncé.

Aussi a-t-on longtemps conseillé de ne surtout pas bouger la tête. “Chin up, head down !” disait-on dans les Midlands (trad. : menton dégagé, tête vers le bas !).

Pourtant aujourd'hui, on pense qu'à l'exception des coups de petit jeu ou d'approche, il convient à cet instant du finish de redonner à la tête toute sa liberté de rotation. Une tête trop fixe entraîne des contractions des muscles du haut du tronc qui finissent par entraver la nécessaire rotation complète des épaules.

Fixation donc, mais sans crispation !

Le regard peut se porter vers la balle qui file vers le drapeau. On est dans cette position de finish si caractéristique du golfeur. D'une beauté inégalée dans la gestualité sportive, elle témoigne d'un coup parfait... Fin du rêve ! : pour un débutant, effectuer un bon swing relève de l'exploit.

En combinant les variables qui viennent d'être mises en évidence, on obtient un nombre considérable de swings possibles dont peu sont valables !

Aux trois positions fondamentales du stance, il faut combiner les trois positions des épaules (3 x 3 = 9), les trois orientations de la face du club (9 x 3 = 27), les trois grips (27 X 3 = 81), les trois angles d'attaque de balle (81 x 3 = 243), les trois plans de swing (243 x 3 = 729), les trois chemins (729 x 3 = 2 187), et enfin les trois amplitudes de swing (2187 x 3 = 6 561).

A ce chiffre, il convient d'ajouter quatre autres coups.

L'“**air shot**” : le club manque la balle et ne rencontre que l'air.

L' “**earth shot**” (trad. : coup en terre) : le club manque la balle mais pas le sol !

La "**gratte**" : le club creuse la terre avant de toucher la balle.

Le "**socket**" : la balle est frappée par le hosel du club.

Ce qui fait 6 565 différentes façons de réaliser un swing. Or, sur ces 6 565 combinaisons possibles, seule une dizaine est passable. Une seule est excellente : l'option "all square". Un débutant a donc une chance sur 6 565 de réussir un tel coup ! La marge d'erreur est immense et tout l'entraînement consiste à la réduire autant que possible.

Cet entraînement, pour être cohérent et efficace, doit faire la part, au vu des prestations, de ce qui relève des causes et de ce qui relève des conséquences. Agir sur les premières pour transformer les secondes. C'est dans cette discrimination que s'expriment le talent et le professionnalisme des Pros. Tous s'appuient sur une connaissance approfondie des éléments essentiels constitutifs du swing. A cet égard, jamais une simple description ne remplacera une analyse circonstanciée.

10

Les fondements du swing :

Quelques lois physiques et leurs conséquences

La réalisation d'un swing a pour double finalité d'envoyer loin et avec précision la balle. Ce geste est sans doute l'un des plus élaborés et des plus complexes de toutes les techniques sportives. On considère que pas moins de treize segments corporels sont mis en œuvre pour sa réalisation.

Il résulte de la mise en jeu successive ou simultanée de nombreux groupes musculaires. Pour comprendre ces mécanismes, on fait appel à la Biomécanique qui a pour objet l'explication par la Physique des phénomènes vitaux. En effet, un swing satisfait aux lois et aux principes de

la mécanique et de la physique qui s'appliquent à tous les corps en mouvement. Pour produire un mouvement performant, un certain nombre de principes d'action doivent impérativement être respectés.

La détermination de ces principes éclaire ce qui, dans le geste, est primordial ou secondaire, fondamental ou accessoire. Il revient à faire la part de ce qui doit être et de ce qui ne relève que du style personnel.

Assurément le corps humain n'est pas un objet solide. C'est plutôt une structure hétérogène aux variables multiples, comme la densité du squelette, la qualité de la souplesse articulaire ou la puissance des contractions musculaires.

Aussi la biomécanique procède-t-elle par simplification. Elle réduit la complexité des mouvements pour en comprendre l'essentiel. Le modèle qu'elle propose ne constitue donc pas une condition suffisante à la maîtrise du swing, mais certainement une condition nécessaire pour progresser dans l'acquisition d'un geste juste.

L'analyse biomécanique fait appel à plusieurs notions comme l'énergie cinétique, la vitesse linéaire, le mouvement circulaire, les forces de frictions, etc. Toutes ont des incidences sur la compréhension ou sur la réalisation d'un swing efficient.

Cette efficience se caractérise par le meilleur rapport obtenu entre les deux critères fondamentaux en étroite interdépendance : la longueur et la précision. Toute variation ici a une incidence là.

Toutefois, pour faciliter leur compréhension, les éléments biomécaniques ont été regroupés autour de l'un ou de l'autre pôle, selon leur fonction dominante. On a dissocié pour la présentation ce qui en réalité est intimement combiné.

LONGUEUR

L'un des premiers facteurs responsables de la longueur de la trajectoire de la balle est l'énergie cinétique. C'est la force emmagasinée par tout corps en mouvement.

Cette force est clairement mise en évidence quand, par exemple, une voiture freine brusquement : les passagers sont alors projetés vers l'avant.

En golf, plus grande est l'énergie cinétique concentrée dans la tête du club, plus puissante est la poussée appliquée à la balle lors de l'impact. En conséquence, la portée de la balle est plus longue.

L'énergie cinétique (E) d'un corps répond à la formule : $E = 1/2\ m V^2$, où m est la masse, c'est-à-dire la quantité de matière qui constitue le solide, et V sa vitesse. L'E est donc égale au produit de la moitié de sa masse, par le carré de sa vitesse. Le facteur le plus décisif dans cette relation est donc la vitesse. Plus la vitesse de la tête du club est grande au moment de l'impact, plus le swing est performant du point de vue de la longueur. Il faut donc à la fois créer beaucoup d'énergie et la transmettre convenablement.

Deux conséquences pratiques en découlent. En premier lieu le "grip" devient l'élément essentiel de la transmission. En effet, si l'énergie cinétique trouve d'abord naissance au niveau du corps du golfeur, elle est ensuite transmise à la tête du club par l'intermédiaire du grip.

Il doit être tel que la transmission du corps au club de cette énergie soit optimum.

Aussi la façon de tenir le club ne doit-elle rien au hasard ou à la mode, mais procède du respect du principe de conservation et de transmission de l'énergie cinétique.

En l'occurrence, le grip "VARDON" est la solution aujourd'hui la plus performante.

En second lieu, la recherche de vitesse de la tête du club conduit à la création d'un mouvement circulaire, le swing, comme solution adéquate.

MOUVEMENT CIRCULAIRE ET VITESSE LINÉAIRE

Un mouvement circulaire se caractérise par le déplacement d'un corps autour d'un axe fixe.

Lorsqu'un solide est en rotation autour d'un axe, tous les points de ce solide sont animés d'une même vitesse angulaire, et ont des trajectoires circulaires centrées sur cet axe. Dans une horloge, par exemple, toutes les parties de l'aiguille des minutes parcourent le tour du cadran en soixante minutes. Quelles que soient les parties de cette aiguille, qu'elles soient proches ou éloignées du centre, il leur faudra une heure pour en faire le tour.

Cependant, tous les points n'ont pas la même vitesse linéaire. Plus les points sont éloignés de l'axe, plus ils vont vite. Ainsi, lorsque cette aiguille se déplace d'une minute, sa partie extrême est animée d'un déplacement bien plus rapide que la partie la plus proche du centre du cadran.

Pareillement au cours du swing, la tête du club va bien plus vite que les mains qui sont plus proches de l'axe de rotation constitué par la colonne vertébrale du golfeur.

Il s'agit là de vitesse dite linéaire "υ". C'est cette vitesse que le golfeur tente d'accroître afin d'augmenter en conséquence l'énergie cinétique à transmettre à la balle.

Cette vitesse linéaire est en relation étroite avec la vitesse angulaire, mais aussi avec la distance qui sépare la tête du club de l'axe de rotation. Cette relation s'exprime dans la formule : $\upsilon = \omega R$, où υ est la vitesse linéaire, ω la vitesse angulaire et R le rayon, c'est-à-dire la distance qui sépare l'axe de rotation du point d'application des forces. La vitesse s'accroît avec la longueur du rayon, qui en golf est constitué par la longueur du club, à laquelle s'ajoute la longueur des bras. La vitesse est aussi fonction de la vitesse angulaire créée par la rotation des épaules.

Pour augmenter R, on choisit un club plus long, les bras restant de dimension constante !

L'augmentation d' "ω" est obtenue par la qualité de la rotation des épaules. En conséquence, pour augmenter υ, on peut accroître ω ou R ou les deux.

Longtemps on a conseillé aux débutants de tenir le “bras gauche tendu” jusqu’au finish. L’application de ce conseil conserve la longueur du rayon, mais contrarie la rotation correcte des épaules. R est conservé, mais ω est minoré... La vitesse linéaire peut aussi être renforcée par l’utilisation adéquate du levier constitué par le système “grip-club”.

Un levier est une machine simple, une barre rigide qui prend appui sur un point fixe (le point d’appui), et à laquelle deux forces sont appliquées : l’une active, c’est la puissance (P), l’autre passive, la résistance (R).

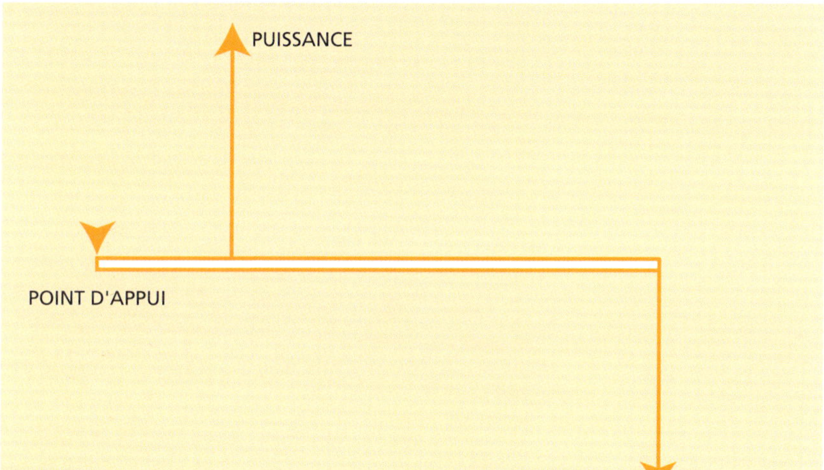

Le levier

Dans le système grip-club, la puissance (P) est située entre le point d’appui (PA) et la résistance (R). Le point d’appui se situe au niveau des poignets, la puissance au niveau des mains, du grip proprement dit. P et PA sont donc très proches l’un de l’autre. En revanche, le point R est très éloigné du point d’appui, puisqu’il se confond avec la tête du club. On a là un type de configuration de levier particulièrement bien adapté pour la recherche de vitesse. Le choix du grip VARDON

prend ici tout son sens. Pendant le début de la prise d'élan, il facilite la création d'un angle bras-grip/club d'environ 90° (noté “υ”) qui reste constant jusqu'au début du “follow trough”. Sa fermeture, la plus proche possible du moment de la frappe, lorsqu'on “passe les poignets”, communique à la tête du club une accélération supplémentaire significative évaluée à une accélération de 750 m/s2 ! C'est l'effet “fouet”.

Il existe un autre angle remarquable. C'est celui que forment les bras reliés au club avec l'axe de rotation confondu avec le corps (cf. croquis central page 135). Cet angle, caractérisé par une certaine ouverture bras/tronc (α), fixe l'orientation du plan dans lequel la tête du club se déplace sur sa trajectoire circulaire, par rapport à l'axe de rotation.

Ce plan de swing est aussi fonction de l'angle (β) que fait l'axe de rotation, c'est-à-dire la colonne vertébrale, avec le sol.

Toute variation au cours du swing des angles α et β est destructrice de vitesse et donc d'énergie cinétique. Ces variations ont des conséquences négatives encore plus importantes sur la précision, comme nous le verrons plus loin.

La question de la fixité de la tête mérite d'être reprise à partir des angles α et β mis en évidence.

La tête est en étroite relation, on l'a vu, avec la ceinture scapulaire (les épaules). De nombreux muscles s'insèrent à la fois sur la tête et sur les épaules. Ils solidarisent le haut de la colonne vertébrale, le sternum, les clavicules, de telle sorte que si par la contraction de ces muscles on immobilise la tête, c'est tout le haut du corps qui se trouve rigidifié. Le mouvement de rotation des épaules nécessaire à la réalisation du swing est contrarié.

La tête reste donc libre de ses mouvements de rotation, à certaines conditions cependant. Car non seulement elle porte les organes de la vision nécessaires à la visée et au contrôle du mouvement, mais aussi l'oreille interne où siègent les réactions d'équilibration. Pour que les

yeux et les oreilles puissent remplir aisément leurs fonctions, ces mouvements limités dans leur amplitude doivent se dérouler dans un même plan. Les angles α et β sont arrêtés à l'adresse. Le swing se résume alors à une rotation autour de la colonne vertébrale du système bassin / tronc / épaules / bras / club, dans un même plan. Or, la tête est à la fois la partie terminale de l'axe de rotation et le prolongement du système bassin-tronc-épaules. Comme portion de l'axe de rotation, la tête reste fixe et contribue à la conservation des angles et à la réussite du swing. En tant qu'élément du système mis en rotation, elle accompagne l'ensemble sous peine de le contrarier.

Selon les prestations observées, les Pros privilégient pédagogiquement tel ou tel aspect.

Cette parenthèse sur la traditionnelle question de la fixité de la tête étant momentanément close, il reste à envisager l'augmentation de la vitesse de la tête du club à partir d'un autre facteur : l'accélération.

L'ACCÉLÉRATION

En physique, l'accélération est la variation de la vitesse en fonction du temps.

Lors du swing, la tête du club part dans tous les cas d'une vitesse égale à zéro. Aussi, plus l'accélération communiquée au club est importante, plus la vitesse finale à l'impact est élevée, avec toutes les conséquences positives décrites auparavant pour la projection de la balle.

L'accélération est proportionnelle à la force qui la fait naître et inversement proportionnelle à la masse à laquelle elle s'applique. Cette relation s'écrit : $\gamma = F/m$, où γ est l'accélération, F la force appliquée par le golfeur et m la masse du club.

On remarque d'abord que plus la masse est petite, plus l'accélération est puissante. Ceci explique, pour une part, la légèreté des clubs.

Ensuite, plus la force appliquée est grande, plus l'accélération est forte, et donc la vitesse importante.

Or, il est impossible d'exercer une force maximale tout au long du swing. Le point d'application de cette force se déplace trop vite. Peu avant l'impact, le golfeur a parfois même l'impression de ne plus sentir son club, tant la vitesse est grande.

En conséquence, le moment déterminant pour la production d'accélération est le début du mouvement. Fixé sur un stance solide qui sert de point d'appui pour la torsion des muscles puissants du tronc, le golfeur emmagasine le maximum d'énergie. A l'image d'un ressort, il la restitue, pour produire, dès le début du swing, l'accélération la plus forte possible. Cette accélération est renforcée par la prise de retard du club au cours du downswing. Le rattrapage obligé des poignets peu avant l'impact, produit une accélération supplémentaire par l'effet du fouetté.

L'ADDITION DES FORCES

La réalisation d'un swing est, d'un point de vue biomécanique, une combinaison et une addition de forces coordonnées entre elles et convenablement appliquées et réparties dans le temps.

Pour produire le maximum de force, il faut utiliser le plus grand nombre de groupes musculaires. Leur mise en jeu correspond à un ordre précis, en fonction de leur inertie, c'est-à-dire de leur résistance à se mettre en mouvement. Les muscles lents qui entourent le centre de gravité sont sollicités en premier. Les muscles puissants du tronc et des cuisses, puis les muscles vifs et rapides des bras, enfin ceux des avant-bras sont sollicités tour à tour.

L'échelonnement dans le temps des contractions des différents groupes musculaires a son importance. Chaque partie du corps mobilisée doit atteindre sa vitesse maximale avant que la suivante ne vienne poursuivre le mouvement. Le respect de ce principe est caractéristique d'une bonne coordination. C'est là que réside le secret du "bon tempo".

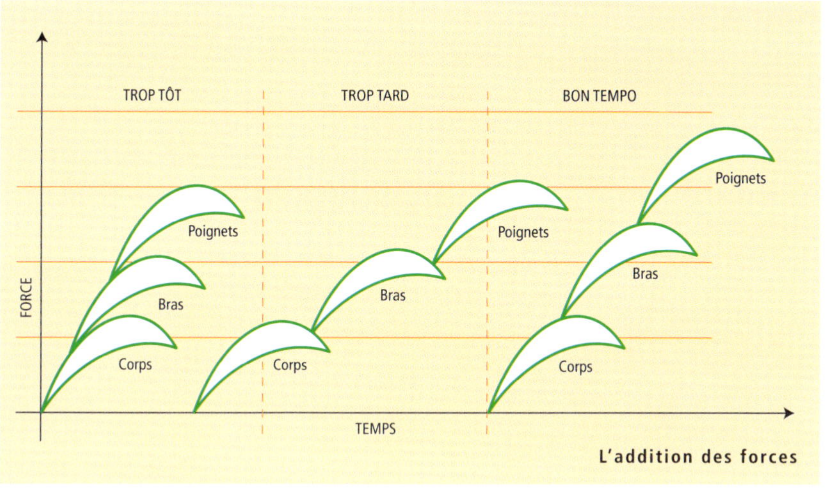

L'addition des forces

Ce principe est connu sous le nom "d'accélération séquentielle" des différentes parties du corps. Le bon rendement d'un swing dépend directement des relations harmonieuses établies entre les différentes séquences.

La synchronisation dans l'addition des forces nécessite une "stabilisation séquentielle" du corps. Chaque groupe musculaire mis en jeu doit pouvoir s'appuyer sur des appuis solides. A la montée, un stance bien équilibré facilite la mise sous tension des muscles du tronc. A la descente et jusqu'au finish, le transfert du poids, le blocage sur la jambe gauche, le passage du bassin, la poussée du pied droit sont autant d'éléments qui concourent à la restitution et à la démultiplication des forces emmagasinées. Lors du swing, les points d'appui nécessaires à la création et à la transmission de l'énergie cinétique se succèdent et se complètent. Sur ce modèle on peut ainsi résumer le swing : les pieds, fermement maintenus au sol (d'où la présence des pointes sous les chaussures), constituent la base sur laquelle les forces du tronc se développent et se transmettent aux bras qui, ayant ajouté leurs propres

effets, laissent les poignets produire une nouvelle accélération, à laquelle vient finalement s'ajouter l'accélération due à la plus ou moins grande flexibilité du club.

En conclusion, on retiendra que la longueur de la portée de la balle dépend de la quantité d'énergie qui lui est communiquée. L'énergie est fonction de la vitesse de la tête du club à l'impact. La vitesse est d'autant plus grande que le golfeur est capable d'appliquer au club une accélération permanente durant tout le mouvement.

Cette aptitude est liée aux capacités du joueur à enchaîner correctement les accélérations séquentielles. La bonne réalisation d'un tel enchaînement est subordonnée à des appuis de qualité.

Un autre débat, tout aussi traditionnel que celui ayant trait à la fixité de la tête, anime également le monde du golf : le swing commence-t-il par les mains ou par les pieds ?

L'analyse qui précède apporte quelques éléments de réponse à la question.

En accord avec les dernières études américaines sur le sujet, justement résumées ainsi par M. HEBRON : "The inside moves the outside" (trad. : le centre met en mouvement les extrémités), il semble bien que le swing prenne naissance au niveau des groupes musculaires qui entourent le centre de gravité, entre tronc et bassin. Puis le mouvement irradie en direction des extrémités, vers les muscles puissants des cuisses et des jambes pour trouver de solides appuis ; vers le haut du corps, épaules, bras, avant-bras et poignets pour trouver l'accélération. Le swing ne commencerait donc ni par les mains, ni par les pieds, mais plus sûrement par le "hara" si cher aux Japonais...ce qui est la voie de la sagesse !

PRÉCISION

La plus grande production d'énergie cinétique n'est d'aucune utilité si... on loupe la balle ! C'est là le cas le plus lumineux de la

corrélation entre longueur et précision. Cette deuxième composante essentielle mérite attention. Les lois de la physique nous apprennent que pour mettre en mouvement un objet au repos, il faut lui appliquer une force suffisante pour vaincre son inertie. L'objet se déplace dans la direction déterminée par l'orientation de la force qui l'a mis en mouvement. Il poursuit son mouvement en ligne droite dès que cette force a cessé son action.

Il continue ainsi tant qu'une autre force visant à modifier son déplacement ne lui est pas appliquée.

Ceci posé, la précision intéresse trois éléments essentiels : le point d'impact, l'orientation de la face du club, le chemin de la tête du club.

La précision du point de l'impact

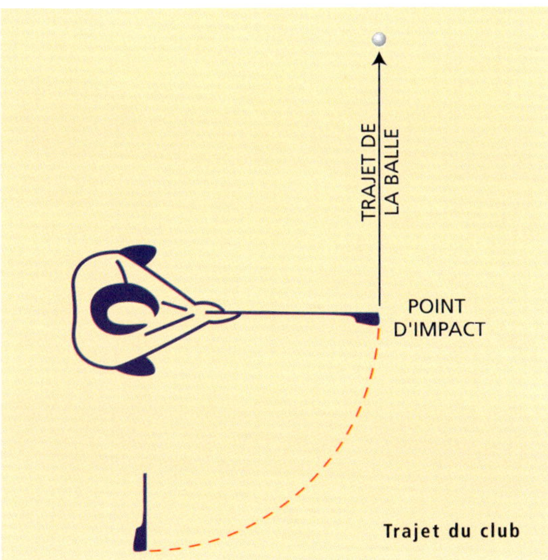

Pour frapper la balle, le club est animé d'un mouvement circulaire. A l'impact, la balle est projetée sur une ligne droite, tangente à l'arc de cercle décrit par la tête du club.

Si le mouvement du club est parfaitement circulaire, il n'existe qu'un seul point sur l'arc du swing qui soit aligné précisément avec l'objectif. Une prise de balle précoce ou tardive entraîne des grands écarts de précision, d'autant plus importants quand le coup est long.

Pour s'assurer d'une précision optimum, deux principes fondamentaux sont à observer :

› *Le principe de conservation*

La tête du club se déplaçant sur un arc de cercle contenu dans un plan, il est impératif que cet arc de swing reste dans ce même plan de swing durant tout le mouvement.

Pour ce faire, on veille à conserver l'angle d'inclinaison (β) de l'axe de rotation par rapport au sol, c'est-à-dire de la colonne vertébrale par rapport aux pieds.

On s'assure de la conservation de l'angle d'ouverture (∝) bras-tronc.

On conserve l'accélération du mouvement du club sur sa trajectoire, dans son plan de swing.

› *Le principe d'écrasement de l'arc de swing*

L'écrasement de l'arc de swing permet d'augmenter le nombre de points d'impact possibles, ceux-ci ayant tous les mêmes qualités de précision, comme le montre le schéma. Cet écrasement de l'arc résulte d'un mouvement de translation. Dans ce cas, il s'agit du déplacement parallèle au sol, vers l'arrière, puis vers l'avant, du centre de rotation. Cette translation s'opère au début de la montée et lors du transfert du poids. Les quinze centimètres sur lesquels on recule la tête du club sur une ligne parallèle au sol lors du take away, se retrouvent au follow through dans cet écrasement de l'arc de swing.

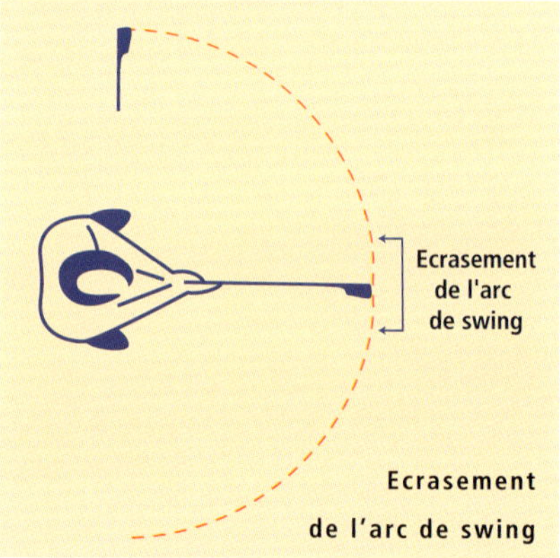

La précision de l'orientation de la face du club

La face du club qui entre en contact avec la balle est une surface plane. La trajectoire de la balle à l'impact décrit un angle de 90° avec le rayon de l'arc de swing, constitué par le système bras-club. Le coup est d'autant plus précis que la face du club présente, elle aussi, un angle de 90° avec la ligne de vol supposée de la balle.

Toutes les autres orientations entraînent des écarts de précision, d'autant plus importants quand le coup est plus long.

On porte attention à la qualité du grip, principal responsable de l'orientation de la face du club à l'impact. Un grip trop lâche rend aléatoire la présentation correcte, "square", de la face du club. Attention néanmoins :

- *un grip trop ferme contrarie les possibilités de rotation du système grip-club. Il empêche le passage des poignets. Il détruit l'effet "fouet" responsable de l'ultime accélération de la tête du club, composante non négligeable des performances du swing en longueur.*

La précision du chemin de la tête du club

On a défini les trois positions fondamentales de la face du club : orientée à droite ou ouverte, square, orientée à gauche ou fermée. De même, on a déterminé les trois chemins fondamentaux désignés par leur direction par rapport à la trajectoire idéale de la balle : Intérieur-Extérieur, Intérieur-Intérieur, Extérieur-Intérieur. Du point de vue de la précision, la "ligne de swing" Intérieur-Intérieur est optimale. Les deux autres chemins, peu recommandables, sont généralement consécutifs au non-respect de la conservation de l'angle d'ouverture bras-tronc. A l'occasion ils peuvent être recherchés volontairement pour réaliser des effets particuliers de "draw" ou de "fade" (cf. p. 160).

Quelques chiffres illustrent la réelle difficulté technique du swing. Une balle de golf d'un diamètre de quatre centimètres doit être frappée par une tête de club dont la surface efficace, le sweetspot, est à peine le double.

Cette surface est située à l'extrémité d'un manche de un mètre de long environ.

La tête du club, d'une vitesse nulle au début du mouvement, atteint régulièrement à l'impact les 100 km/h.

Cet impact a une durée d'1/1000e de seconde. La balle est en contact avec le club sur une distance de deux centimètres. L'ensemble du mouvement de frappe ne dure que quelques dixièmes de seconde.

Autant dire que toutes les données doivent être définies avec une extrême précision à la prise d'élan. Qu'il s'agisse de l'angle d'inclinaison de l'axe de rotation ou de la détermination du plan de swing, la rigueur s'impose.

Ensuite, après le déclenchement du mouvement de frappe, la vitesse empêche pratiquement toute régulation opportune et efficace. Il a par exemple été montré que le golfeur a la sensation de frapper la balle environ quinze dixièmes de seconde après que l'évènement a eu lieu !

On peut considérer que les mouvements effectués après que la balle a quitté le club (le finish) sont la conséquence corporelle de la qualité des mouvements qui précèdent.

A la lumière des deux composantes du swing - longueur et précision -, on tire un certain nombre d'enseignements. Si la précision d'un swing se prépare à l'adresse, sa longueur se construit à la montée.

Un bon swing est le meilleur équilibre possible entre d'une part, la production de vitesse, et d'autre part, la conservation de la précision.

Il existe un idéal du swing, mais il n'y a pas de swing parfait. Chacun est appelé à trouver sa façon la plus efficace de répondre aux contraintes physiques et biomécaniques qui s'imposent à lui. Ainsi, ce qui est enseigné, ce n'est plus aujourd'hui la forme d'un geste, mais des principes d'action pour construire son swing.

11

Les coups standard

On distingue en golf trois parties dans le jeu : le grand jeu, le petit jeu et le putting. On regroupe dans le grand jeu, les coups de départ et les coups de champ joués sur le fairway. La technique employée est celle du swing. Le petit jeu concerne tous les coups joués non loin du drapeau pour s'en approcher au plus près. Ces coups d'approche demandent beaucoup de précision, de contrôle, de toucher et de confiance. Ils appellent un swing adapté aux circonstances particulières. Chaque joueur, en fonction de la situation, adapte son swing en jouant sur ces variables : fixation des poignets, montée incomplète, position de la balle dans le stance, etc. (cf. chap. précédents). Le putting ne concerne que les coups joués sur les greens avec le putter. C'est un véritable jeu dans le jeu avec un matériel distinct : le putter. La technique est spé-

cifique : le putting. L'objectif tactique vise à ne pas jouer plus de deux coups sur les greens.

LE GRAND JEU

Le premier objectif est de faire parcourir à la balle le plus de chemin possible en direction du drapeau. Le plein swing est réalisé avec un club convenablement choisi en fonction de la distance à parcourir, des obstacles éventuels et de la trajectoire désirée.

Ces "pleins coups" sont joués du départ ou sur les fairways. Dans ce dernier cas, il s'agit du deuxième coup des Par 4 et 5, et du troisième des Par 5. Toutefois, lorsque les trous sont courts ou que le ou les coups précédents ont été très longs, ces coups ne seront plus des "pleins coups", mais des coups d'approche (cf. p. 168).

Pour les coups de départ, la balle est surélevée sur un tee. Ceci permet un envol plus aisé de la balle, en particulier lorsque celle-ci est jouée avec des clubs ayant une ouverture faible, comme le "driver" ou le fer 3.

La balle est surélevée sur le tee de telle sorte que le bord supérieur de la tête du club arrive à mi-hauteur de la balle.

Quand on adresse un "driver", la balle est surélevée sur le tee de telle sorte que le bord supérieur de la tête du club arrive à mi-hauteur de la balle.

Cette position est la plus haute qu'une balle puisse avoir au départ. Pour tous les autres clubs le tee sera d'autant plus enfoncé, et donc la balle plus basse, que le club, sera plus court. L'usage du tee est réservé aux départs et interdit partout ailleurs.

En raison de sa face très fermée, le "driver" est difficilement jouable si la balle n'est pas surélevée sur un tee. C'est pour cela que le driver n'est pas utilisé sur les fairways. En revanche, tous les autres clubs le sont d'autant plus facilement que la balle repose sur un bon "lie". Le "**lie**" (de l'ang. "to lie", trad. : étendu sur) n'est pas ici l'un des angles du club, mais décrit la partie sur laquelle repose la balle. Sachant que selon les grands principes du jeu on doit jouer la balle où elle se trouve sans jamais améliorer sa position, on réalise vite que certains lies sont beaucoup plus favorables que d'autres. Mieux vaut jouer une balle qui repose sur un gazon dense que sur un sol râpé ! En hiver, quand l'herbe ne repousse plus, certains golfs autorisent les joueurs à "placer" leur balle. Quand celle-ci repose sur un mauvais lie dû à la saison, on peut sans pénalités la déplacer de quelques centimètres sur un meilleur lie.

Les trajectoires les plus fréquemment appliquées aux balles, volontairement ou non, font l'objet d'une classification et d'une dénomination particulières. Observées dans le plan horizontal (vue de dessus), on repère sept trajectoires caractéristiques dont trois sont valables. Dans le plan vertical (vue de côté), on distingue trois trajectoires fondamentales dont une seule est convenable. Ces variations de trajectoire ont des causes multiples. Parmi les facteurs à l'origine des quelque 6565 possibilités théoriques de frappe (cf. p. 142), deux sont principalement responsables de ces variations.

D'abord le chemin emprunté par la tête du club pour venir frapper la balle qui peut être comme on l'a vu : Intérieur-Intérieur, Extérieur-Intérieur, Intérieur-Extérieur.

Ensuite l'orientation de la face du club considérée au moment de l'impact, par rapport à la ligne de vol idéal qui présente aussi trois possibilités : orientée à gauche, square, orientée à droite.

LES TRAJECTOIRES DE BASE

Trajectoires vues de dessus

On distingue trois coups de base en fonction des orientations par rapport au drapeau des trajets empruntés par la balle. Le coup "square" : la balle se dirige en droite ligne vers le drapeau. Le "**pull**" (trad. : tirer) propulse la balle directement sur la gauche. Le "**push**" (trad. : pousser) vers la droite. Chacun de ces trajets présente à son tour plusieurs variantes en fonction de l'existence ou non d'effets latéraux imprimés à la balle lors de l'impact.

Vers le drapeau

La balle se dirige vers le drapeau selon trois modes possibles :

- *Le "**square**" : c'est un coup excellent. La balle se dirige en droite ligne vers l'objectif. Le chemin de la tête du club a été Intérieur-Intérieur, et la face du club était "square" à l'impact.*
- *Le "**draw**" (trad. : s'écarter) : c'est un bon coup. La balle commence sa trajectoire à droite de la cible puis incurve son vol sur la gauche pour revenir vers le drapeau. Lors d'un "draw", le chemin de la tête du club est Intérieur-Intérieur, et la face du club est orientée à gauche, fermée.*

Un effet contrôlé de droite à gauche est communiqué à la balle. Celle-ci tourne sur elle-même dans le sens inverse des aiguilles d'une montre. Cet effet sénestrogyre ne devient efficace que lorsque la vitesse

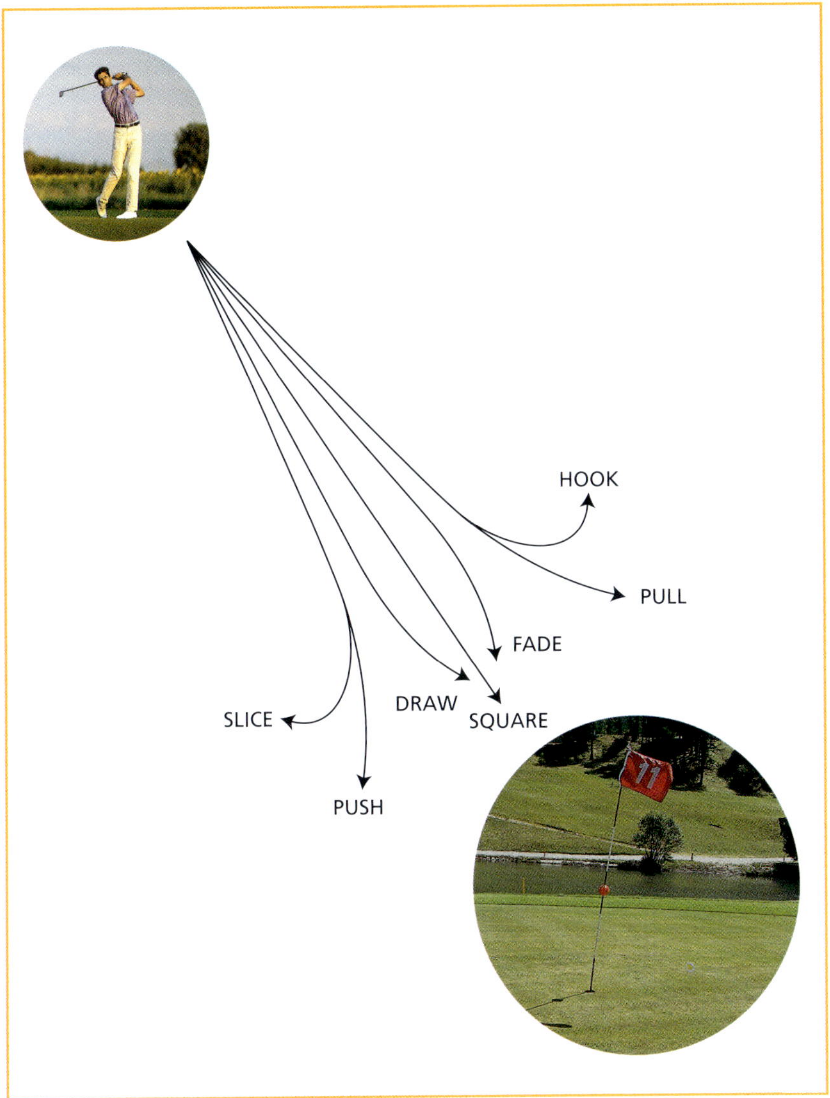
HOOK
PULL
FADE
DRAW
SQUARE
SLICE
PUSH

de la balle commence à décroître et que les rotations de la balle dans l'axe de son déplacement diminuent. Ce retard d'efficacité des effets latéraux explique que la balle suit d'abord une trajectoire rectiligne, tant qu'elle est en pleine accélération.

Lors de la frappe d'un "draw", la face du club est plus fermée. Aussi, toutes choses étant égales, avec un club identique, la balle s'élevant moins, elle peut porter plus loin. La fermeture relative de la face du club accentue les rotations vers l'avant appliquées à la balle. Elle arrive au sol avec une potentialité de roulement renforcée. On peut en attendre un accroissement du chemin parcouru au sol.

On peut volontairement provoquer un "draw" pour éviter un obstacle (arbres) présent sur la ligne idéale de jeu, ou jouer un dogleg gauche. Il suffit alors, à l'adresse, d'aligner la face du club square sur la cible et d'aligner le stance à droite de celle-ci. Le reste du swing est conservé à l'identique.

- *Le "**fade**" (trad. : s'affaiblir) : c'est un coup moyen. La balle se dirige vers la gauche de la cible pour incurver sa trajectoire vers la droite et revenir ainsi vers le drapeau. Un effet contrôlé de gauche à droite est imprimé à la balle. Lors de la frappe, la face du club étant plutôt ouverte, l'effet rétro (backspin) naturellement appliqué à la balle par l'ouverture de cette face est renforcé. La balle monte plus. Sa portée est moindre, et son roulement au sol plus faible. Comme pour le "draw", l'effet n'est efficace que lorsque la vitesse de la balle décroît. Jusque là, la trajectoire de la balle est rectiligne. Lors d'un "fade", le chemin parcouru par la tête du club est Intérieur-Intérieur, la face du club est orientée à droite, ouverte.*

On peut volontairement jouer un "fade" pour éviter un obstacle présent sur la ligne de vol ou jouer un dogleg droit. Il suffit, à l'adresse, d'aligner square la face du club sur l'objectif et le stance à gauche de la cible.

Vers la gauche de la cible

Quand la balle se dirige vers la gauche du drapeau, on peut avoir frappé différentes sortes de "pull" :

- *Le "**pull**" proprement dit : c'est un mauvais coup. La balle fuse en droite ligne à gauche de la cible. Le chemin de la tête du club est Extérieur-Intérieur, la face du club est "square".*

- *Le pull "**hook**" (trad. : crochet) appelé simplement "hook". C'est un coup catastrophique. La balle part de façon incontrôlée vers la gauche de l'objectif, puis incurve encore un peu plus sa trajectoire vers la gauche !*
  Le chemin parcouru par la tête du club est Extérieur-Intérieur, la face du club est orientée à gauche, fermée.

Cette faute est souvent la conséquence d'un club "forcé". On essaie d'atteindre une portée qui ne peut être réalisée avec le club choisi. La crispation de tous les muscles, pour "forcer le destin", interdit toute dissociation segmentaire. A la descente, la tête tourne avec les épaules, le tronc, le bassin, les genoux, d'un seul bloc. Les pieds pivotent sur les talons. Quand on doit remettre une balle après avoir "**hooké**" (trad. : faire décrire un crochet à gauche à la balle) hors limites, en principe mieux vaut réviser ses ambitions à la baisse !

Vers la droite de la cible

Quand la balle se dirige vers la droite de la cible, on peut avoir frappé différentes sortes de "push" :

- *Le "**push**" proprement dit : c'est un mauvais coup. La balle fuse en droite ligne vers la droite du drapeau. Le chemin emprunté par la tête du club est Intérieur-Extérieur, la face du club est "square".*
- *Le "push **slice**" appelé simplement "slice"(trad. : tranche): c'est le coup catastrophique par excellence ! Non seulement la balle se dirige vers la droite de l'objectif, mais elle incurve sa course encore un peu plus vers la droite !*
  Le chemin emprunté par la tête du club est Intérieur-Extérieur, la face est orientée vers la droite, ouverte.

En cherchant à aller (trop) loin, le grip s'ouvre, la rotation des épaules n'est pas menée à son terme, et si le stance est ouvert, le slice est à son comble.

Il s'agirait d'un défaut typiquement masculin. On dit que 80% des hommes débutants slicent à tour de swing, et que ce serait l'expression golfique de la "volonté de puissance" !

Le nombre de publications qui s'attachent à dispenser des conseils pour se guérir du "slice" pourraient sans peine remplir une bibliothèque. Quand on rejoue un slice qui a fini sa course dans les bois, on ferme le grip, le stance et on révise ses plans. Chaque slice est une leçon d'humilité !

Quelques conséquences pratiques

Les trajectoires de base sont essentiellement déterminées par le chemin pris par la tête du club et l'orientation de la face du club à l'impact. Cela confirme l'importance de l'adresse et de la prise d'élan

(conservation des angles pendant la rotation) pour obtenir le chemin le plus performant : Intérieur-Intérieur.

Il faut donc prendre le temps de la réflexion pour trouver les justes corrections à apporter pour contrecarrer la production de trajectoires fausses ou contrôler les effets communiqués à la balle.

Ainsi, quand la balle se dirige régulièrement vers la droite de l'objectif, on a naturellement tendance à compenser en orientant le stance encore un peu plus à gauche. Or, on a alors toutes les chances de passer d'un push à un slice encore plus catastrophique en ayant accentué le chemin Intérieur-Extérieur.

Les mauvais coups doivent être observés et analysés convenablement afin de diagnostiquer les véritables causes et procéder aux rectifications appropriées.

Sept points essentiels président à l'observation des swings :

1. *L'orientation correcte du stance.*
2. *L'orientation des épaules.*
3. *L'orientation de la face du club.*
4. *La qualité du grip.*
5. *L'orientation du plan de swing.*
6. *L'angle d'attaque.*
7. *Le chemin parcouru par la tête du club.*

Cependant, il n'est pas aisé de se corriger soi-même. La trajectoire de la balle est le seul critère d'observation que l'on possède. Or, un même swing peut produire de bonnes trajectoires avec un fer 7 et de très mauvaises avec un fer 3. Comme le swing est identique quel que soit le club employé pour jouer un plein coup, il faut simplement en conclure que le défaut est dans le swing, même si on ne le voit pas. Car les fers les plus courts sont plus tolérants et masquent les défauts. Ces clubs, par leurs lofts, produisent à l'impact beaucoup de backspin. Ces effets très puissants annihilent les effets latéraux à l'origine de

l'essentiel des mauvais coups. Le défaut occulté réapparaît dans toute sa force avec les clubs peu producteurs de backspin.

Quel que soit le niveau de pratique, un observateur extérieur qualifié, un Pro, devient incontournable. Il est capable de repérer et d'agir rapidement et efficacement sur les défauts décelés.

Il est si difficile de descendre de bicyclette pour se regarder pédaler !

Inutile donc de passer des heures au practice, seul, à tenter vainement de jouer ses bois. Mieux vaut réviser son swing avec un Pro... et un fer 7 !

Trajectoires vues de côté

A chaque club correspond, pour un plein swing, une hauteur de trajectoire (apogée) spécifique. Celle-ci est la conséquence directe de l'ouverture de la face du club : plus un club est ouvert, plus la balle monte.

Toutefois, d'autres éléments ont une influence certaine sur la taille de l'apogée :

- *Plus la balle est pincée entre la face du club et le sol, plus elle monte.*
- *La position de la balle dans le stance : la balle monte d'autant plus qu'elle est frappée tard, alors que la tête du club est en train de remonter l'arc de swing.*
- *L'angle d'attaque : plus l'angle d'attaque de la balle par le club est fermé, plus la balle monte.*
- *La face du club : plus elle est ouverte, plus la balle monte.*
- *Le poids du corps : un swing réalisé en conservant en permanence sur la jambe arrière le poids du corps, accentue le passage du club sous la balle et provoque des trajectoires très hautes.*

Le golfeur ayant choisi le club en fonction de la distance qu'il souhaite voir parcourir à la balle, peut jouer dans une certaine mesure sur la hauteur de l'apogée.

Par rapport à l'apogée de référence, il cherchera à l'augmenter ou à le diminuer en fonction des obstacles et des contraintes (buttes, arbres, vent, etc.).

Vus de côté, en plus des trois trajectoires évoquées (apogée de référence, haut, bas), un certain nombre de mauvais coups sont repérables :

La "gratte"

Le club vient frapper le sol avant de contacter la balle. Beaucoup de puissance est perdue et la balle ne franchit que peu de distance. Le poids du corps a été rejeté vers la jambe arrière au moment de la frappe.

Les grattes sont plus fréquentes dans le petit jeu, quand au lieu de "laisser faire" le club pour traverser la balle, les mains miment la trajectoire espérée.

La chandelle

La balle a été frappée très en dessous par le dessus de la tête du club. La balle monte très haut... et retombe très près. Ce mauvais coup arrive fréquemment au départ, quand la balle a été trop surélevée sur son tee.

L' "air shot"

La balle n'est pas touchée. Le club est passé généralement au-dessus ou devant la balle. Un air shot chez le débutant est parfois causé par la peur de... la gratte ! Cependant, la plupart du temps, le débutant "force" le club. En tirant sur le grip pour aller plus loin, la tête du club en emporte le vent.

Le "top"

La balle est proprement assommée. Au mieux elle roule sur quelques

mètres. Au pire, elle est enfoncée dans le sol à l'endroit même où elle reposait. Pendant le follow through, les épaules se relèvent et la balle n'est frappée que sur sa partie supérieure : top !

Le **"socket"** (trad. : mot d'origine celte qui évoque la trace que fait le soc de la charrue). Le socket est un coup atypique, totalement irrationnel, aux origines mystérieuses ... comme les légendes celtes !

C'est un coup épouvantable, sans doute le plus redouté de tous les golfeurs débutants ou confirmés. Des joueurs deviennent soudainement incapables de frapper la balle avec la face du club. Le contact ne se fait plus qu'avec le "socket", la douille qui relie le manche à la tête du club. La balle est violemment propulsée à 90° vers la gauche. Ces "crises de socket" durent parfois longtemps. Pour s'en guérir, il ne reste qu'à faire appel à un Pro sorcier ou laisser faire le temps !

C'est peut-être à ce propos qu'un ancien président de la République, golfeur impénitent, avait utilisé une maxime de Cervantès : "Il faut laisser le temps au temps."

LE PETIT JEU

Les "pleins coups" ont été frappés avec succès : square, draw ou éventuellement fade. L'apogée était adéquat. La balle est proche du green. Il est temps d'explorer le petit jeu.

Cette partie du jeu englobe ce que l'on appelle aussi les "coups d'approche". Ce sont tous les coups joués à une courte distance du green (jusqu'à 60 mètres environ).

A cette distance, on a toutes les chances d'être trop long en jouant un plein swing. Il faut s'adapter. En l'occurrence, obtenir, par un aménagement raisonné du swing, beaucoup de précision pour une faible longueur.

L'esprit du petit jeu réside dans la prise en considération de cinq grands principes :

- *La plus grande précision pour atteindre le drapeau est obtenue en faisant rouler la balle.*
- *Pour un swing identique, à la montée écourtée, la longueur de la portée sera d'autant plus courte que la longueur du manche est raccourcie (le grip est pris plus bas).*
- *La réduction du swing transforme le geste. D'un mouvement balistique, il tend à devenir un mouvement conduit. Il importe en conséquence de limiter le nombre de paramètres mis en jeu. Fixer la tête, les poignets, pour ne conserver que la rotation plus ou moins importante des épaules, semble une simplification favorable.*
- *L'utilisation d'un même club pour jouer la plupart des coups d'approche limite aussi le nombre de variables à maîtriser. Le fer 9 souvent appelé le "fer à tout faire" ou le "fer tout-terrain" est bien adapté à ce rôle.*
- *L'impression qui doit dominer lors de toute approche est que l'on a envoyé, avec la main, la balle vers le drapeau. Le finish est donc plutôt écourté.*

On considère deux façons remarquables d'approcher la balle au drapeau : l'approche roulée et l'approche pitchée.

L'approche roulée

En accord avec le premier principe du petit jeu, c'est l'approche que l'on privilégie parce qu'elle permet un meilleur contrôle de la balle.

Ainsi, quand la configuration du terrain le permet (pas d'obstacle sur la ligne de jeu), on approche la balle du drapeau en la faisant rouler sur la plus grande partie possible de son trajet.

Pour ce faire, on peut utiliser différents fers, dont le putter, avec une technique un peu particulière. Les poignets restent fixes et fermes dans l'axe du club, la prise d'élan est très écourtée. On conserve le mouvement de balancier des bras mis en action par une rotation plus ou moins prononcée des épaules.

On choisit d'utiliser tel ou tel club en fonction de la distance à parcourir et de la longueur de la trajectoire aérienne désirée, qui dépend des obstacles à franchir ou de l'état du sol (hauteur de l'herbe, orientation de la coupe qui peut faire obstacle au roulement, cailloux, etc.).

On opère ce choix en tenant compte de plusieurs éléments :

- *Le loft : plus un fer est fermé, moins il fait lever la balle et moins la trajectoire aérienne est longue. Une balle frappée avec le putter roule sur tout son trajet. Une balle frappée avec le fer 9 roule sur une distance égale à celle qu'elle a d'abord parcourue en volant. Ainsi sont définies les limites entre lesquelles les fers s'échelonnent du plus ouvert au plus fermé.*
- *La longueur du club : plus le manche est long, plus grande est la puissance communiquée et plus importante donc sera la distance parcourue par la balle. Pour réguler la puissance, dans les coups d'approche, il est possible de réduire la longueur d'un club en le tenant plus bas sur le manche, sans perte d'efficacité.*

En combinant ces deux principes, choix de l'ouverture du club et longueur du manche, le golfeur est en possession d'une palette d'approches particulièrement riche.

L'approche roulée n'est possible que sur des distances courtes et moyennes, et sans obstacle important entre la balle et le drapeau.

Dans tous les autres cas, il faut avoir recours à l'approche pitchée.

Au premier plan, une approche roulée au putter.
A droite, approche roulée au fer 9.
A l'arrière-plan, approche pitchée au Pitching Wedge.

Approche pitchée

L'approche pitchée ou levée consiste à faire voler la balle sur la plus grande partie possible de la distance qui la sépare du drapeau, et à réduire au minimum son roulement au sol.

L'approche levée est préférée à l'approche roulée quand :

- *Le trajet à parcourir est trop long. Le contrôle d'une balle qui roule sur une distance trop importante devient aléatoire.*

- *Des obstacles s'opposent au roulement de la balle : obstacles d'eau, bunkers, rough, terrain pierreux, etc.*

L'approche pitchée repose sur deux principes complémentaires :

- *Plus une balle monte haut, plus elle a tendance à s'enfoncer dans son pitch à l'arrivée sur le green et donc à rester sur place.*
- *Plus la quantité de backspin communiquée à la balle est grande, plus celle-ci aura tendance à rester sur place, voire à rouler vers l'arrière à sa reprise de contact avec le sol. Dans ce cas, l'effet prend d'ailleurs toute son ampleur au second rebond de la balle sur le green.*

En conséquence, on utilise pour les approches pitchées des fers très ouverts comme le Sand Wedge ou le Pitching Wedge, qui font monter haut la balle et lui communiquent un maximum d'effet rétro.

Pour obtenir la distance désirée, on limite plus ou moins la rotation des épaules, ou encore on joue sur la longueur du club en descendant plus ou moins les mains sur le grip. Ces nouvelles combinaisons viennent s'ajouter aux précédentes comme solutions possibles au projet de jeu du golfeur.

Il existe aussi une approche levée particulière : le "chip". Ce petit coup d'approche est joué lorsque la balle, bien que très proche du bord du green, est dans une position où toute approche roulée est impossible. Joué avec le S.W. ou le P.W., on lâche un coup à l'arrière de la balle comme si on voulait en détacher un copeau. La balle monte avant de rouler sur une très courte distance vers le drapeau. Le club adapté à ce genre de coup est le chipper. Son loft est tel qu'il fait aisément monter la balle.

Il se joue comme un putter. Son utilisation est donc simple et sûre. Comme le fer 9 fait la transition entre le jeu de plein champ et le petit jeu, le chipper assure la transition entre le petit jeu et le putting.

LE PUTTING

La balle s'est immobilisée sur le green. Il est temps d'aborder le dernier compartiment du jeu : le putting.

Certains considèrent cet aspect du jeu comme le plus important. Car idéalement, pour jouer un PAR 72, tout golfeur est censé putter trente-six fois (deux putts par trou). La moitié des coups sont donc réservés au putting, l'autre moitié se répartissant entre les "pleins coups" et le petit jeu. Le putting se déroule sur le green. Le club le plus approprié est le putter. Sa face lisse et verticale permet de faire rouler parfaitement la balle, sans à-coup ni sursaut.

L'élément essentiel du putting est la précision.

Celle-ci implique d'abord une parfaite évaluation de la longueur qui sépare la balle du drapeau. Ensuite une détermination précise du chemin que la balle doit emprunter pour se rapprocher le plus près possible du trou, voire d'y entrer.

Le mode opérationnel est le suivant :

- *Dans un premier temps, on détermine la puissance à communiquer à la balle pour lui faire parcourir la distance qui la sépare de la cible. Quand il s'agit du deuxième putt, cette cible est le trou lui-même. Pour le premier putt, la cible est un cercle plus ou moins centré sur le trou, en fonction de la configuration du green, d'un diamètre de quarante centimètres au plus. Ainsi le deuxième putt à venir est raisonnablement*

assuré. On procède à cette évaluation en se tenant debout en arrière de la balle, sur la ligne de putt. En compétition, on prendra aussi le temps de faire une estimation supplémentaire en se tenant derrière la cible.

- *Dans un deuxième temps, on détermine le chemin que doit suivre la balle. Cette évaluation se fait accroupi, juste en arrière de la balle, dans le prolongement de la ligne de jeu.*

Dans cette position, le regard près du sol décrypte mieux la configuration du terrain. On apprécie mieux les orientations de l'herbe, les imperfections de la surface, qui peuvent freiner ou faciliter la progression de la balle vers le trou.

On repère alors, à quelques centimètres de la balle (une vingtaine), un point de passage obligé, sur le chemin qui mène à la cible choisie ou au drapeau.

- *Il reste dans un dernier temps à mettre en relation les deux estimations pour arriver à une détermination exacte et définitive de la puissance à donner au putt. La face du putter est alignée square par rapport à la ligne de putt constituée alors par la ligne joignant la balle au point de passage obligé, précédemment relevé. Le golfeur s'aligne par rapport au club ainsi orienté. La précision du putting réside dans la capacité qu'a le joueur :*
  - *A communiquer au club la puissance appropriée.*
  - *A centrer parfaitement la balle à l'impact sur la face du club, de sorte que le trajet de celle-ci passe correctement par le point de passage obligé.*

Il est inutile, et parfois même négatif, de regarder de nouveau le drapeau. La vision du jeu dans cette position, de côté et en perspective, ne peut que perturber la qualité des informations engrangées auparavant et finalement détériorer le putt. Là encore, le principe "GIGO" (cf. p. 137) est à l'œuvre.

Pourtant, en considérant que les bonnes informations ont été programmées, il reste encore à bien les concrétiser par un geste correct. Le secret d'un putt réside dans l'observation du principe suivant : la balle doit être en mesure de toujours parfaitement rouler vers l'avant.

Deux corollaires en découlent :

- *La balle ne peut être animée que par une rotation d'arrière en avant, dans l'axe de son déplacement.*
- *La balle doit rester en permanence en contact avec le sol.*

Pour cela, il faut satisfaire deux conditions. La balle doit être frappée parfaitement "square" au centre de la face du putter, et l'angle d'attaque de la balle nul.

Concrètement, le putter ayant été correctement orienté, les mains, dont les paumes se font face, se placent naturellement sur le grip. La visée s'effectue sur le point de passage obligé avant de se stabiliser sur le centrage de la balle sur la face du putter.

Les poignets sont fixés. Un putt est d'abord un mouvement pendulaire : les bras, les poignets et les mains ne forment qu'une unité prolongée par le putter pour fonctionner conjointement comme le pendule d'une horloge comtoise.

La balle est au milieu du stance ; les jambes naturellement fléchies ; le bassin en antéversion. On place la balle dans le prolongement du nez. Les épaules déclenchent le putt par une légère rotation qui déclenche le mouvement pendulaire symétrique par rapport à la balle :

Comme le pendule d'une horloge comtoise

Tic, (impact), tac. Le putt est réalisé. Durant toute l'opération, le nez est resté sur l'emplacement occupé par la balle. Viser avec le nez permet de garder le menton dégagé et donc à la tête de bien rester dans le prolongement de l'axe de rotation. On évite ainsi tout enroulement de la colonne vertébrale, néfaste au mouvement de balancier.

Le passage des bras est facilité pour un bon finish du mouvement vers la cible. En aucun cas le putter ne doit venir s'arrêter au contact de la balle. Le follow through est conservé même au putting. C'est l'assurance d'une frappe efficace génératrice d'un roulement parfait.

La balle est enfin "entrée". Elle rebondit dans un bruit caractéristique une bonne dizaine de fois, avant de s'immobiliser définitivement au fond du trou, de la "**cup**" (trad. : coupe) comme le disent les anglophones.

Viser "avec le nez"

12

Les coups spéciaux

Il reste à aborder d'autres coups qui sont comme des variations sur les standards. Car la balle qui doit être jouée d'où elle se trouve, ne repose pas toujours, loin s'en faut, bien à plat sur le gazon serré du fairway. Celle-ci atterrit parfois, trop souvent pour les débutants, dans des endroits qui ne permettent pas de jouer un swing classique, tel qu'il a été mis au point dans les conditions idéales du practice.

Au cours d'une partie, aucun golfeur n'est capable d'éviter à tous coups : roughs, bunkers, sous-bois, flanc de colline, etc. Quand bien même il garderait sa balle sur les fairways, ceux-ci sont toujours plus ou moins vallonnés, inégaux. Ces situations particulières nécessitent l'adaptation du swing pour un coup spécial.

Quand la réalisation d'un swing classique est impossible, il convient de n'intervenir que sur un minimum de variables : orientation du stance, ouverture de l'angle d'attaque, etc. On conserve ainsi un geste le plus proche possible de celui qui est habituellement exécuté. Quelques changements de détails suffisent pour obtenir une trajectoire adéquate et se dégager d'une situation délicate. Pourtant ces coups de dégagement sont souvent malaisés à réaliser.

Aussi convient-il pour opérer le bon choix de bien analyser d'abord la position occupée par la balle. Est-on capable de jouer la balle là où elle se trouve ? Est-il préférable de la déclarer injouable pour la dropper dans une situation plus favorable ?

Quand on décide de jouer un coup difficile, trois principes tactiques doivent rester à l'esprit :

- *Ne pas rechercher "l'exploit". Ce n'est certes pas le moment d'attaquer le drapeau !*
- *Se fixer une cible large, qui ne demande que peu de précision : retour sur le fairway ou vers le green.*
- *Dans tous les cas, choisir l'orientation du jeu d'abord en fonction de la* ***solidité des appuis*** *au sol.*

Il existe deux grandes catégories de coups spéciaux. Ceux qui se jouent sur le fairway, et les autres.

SUR LE FAIRWAY

Dans un swing standard tel qu'on le réalise au practice, les deux pieds et la balle reposent sur le même plan horizontal. Tout changement dans cet agencement contraint le joueur à procéder à des ajustements pour produire un coup spécial, adapté aux nouvelles conditions. Plusieurs cas se retrouvent fréquemment :

› *Le "lie supérieur" : La balle est accrochée à flanc de colline, elle repose au-dessus du stance. Les deux pieds sont dans le même plan.*

Lie supérieur

La configuration contraint à un swing plat. Sans modification, la face du club a tendance à s'orienter à gauche et à se fermer. Au mieux, la balle ne monte pas et fuse vers la gauche. Au pire, on heurte le terrain avant la balle.

Un certain nombre de compensations doivent être apportées : d'abord, on raccourcit le man- che et l'on garde des jambes moins fléchies pour s'adapter au changement de distance golfeur/balle.

Puis, pour compenser l'orientation de la trajectoire, on s'aligne plus à droite de la cible sur un stance fermé.

Lie inférieur

Le "lie inférieur" : La balle est accrochée à flanc de colline. Elle repose sous le stance. Les deux pieds sont dans un même plan.

Frappée normalement, la balle se dirige au mieux vers la droite de la cible, au pire c'est un air shot.

On fléchit donc les jambes de façon plus importante en prenant garde de ne pas avancer le bassin, ni d'enrouler le haut du corps. Les fesses restent sorties, le menton dégagé. Il faut des appuis très solides pour garder l'équilibre. Pour compenser l'orientation à droite de la trajectoire de la balle, on s'alignera plutôt à gauche de la cible.

Lie amont

› *Le "lie amont" : La balle repose dans une montée. Le pied gauche est plus haut que le pied droit. Le stance est basculé vers l'arrière.*

Le swing effectué dans cette position entraîne l'ouverture de la face du club. La balle a tendance à monter et à perdre en distance. La pente favorise aussi un puissant finish qui entraîne naturellement la balle plutôt vers la gauche de la cible.

Trois adaptations s'imposent :

- *Veiller à avoir une position telle à l'adresse que la colonne vertébrale reste perpendiculaire au sol. L'équilibre est rejeté dans la pente. Le poids du corps est réparti également sur les deux pieds.*

- *Pour compenser la perte de distance probable, on joue un club plus long. Son loft plus fermé ramène la hauteur de l'apogée à une taille raisonnable.*
- *Le stance est légèrement ouvert pour ramener la trajectoire vers la cible.*

› *Le "lie aval" : La balle repose dans une pente. Le pied droit est plus haut que le pied gauche. Le stance est orienté dans la pente.*

Lie aval

Dans ces conditions, frappée sans rectification, la balle ne monte pas et se dirige à gauche de la cible. Le swing peut être ainsi modifié :

- *Le corps est avancé dans la pente de telle sorte que l'axe de rotation reste perpendiculaire à la pente. Pour conserver l'équilibre, le poids du corps est régulièrement réparti dans le stance entre les deux pieds.*
- *Pour compenser la fermeture naturelle du club, on joue un club plus ouvert.*
- *On s'aligne plutôt vers la droite de la cible.*

Ces coups de haut en bas sont délicats. Ils demandent beaucoup d'équilibre.

Bien entendu ces quatre lies de base peuvent se combiner pour donner des positions de jeu d'une grande complexité. Les conseils de mesure ne peuvent qu'être répétés :

1. *Pas de tentative d'exploit. Ce n'est pas le moment de chercher à jouer en "**recovery**" (trad. : guérison) c'est-à-dire de tenter de revenir au score !*
2. *Jouer sur des appuis robustes.*

Certains lies enfin, sont tels qu'ils limitent sérieusement ou entravent les possibilités de jeu. On les appelle des "**restricted**" lies (trad. : restrictif). Le golfeur se trouve dans l'incapacité de réaliser convenablement son swing. La proximité d'un obstacle l'empêche de prendre un stance correct. La présence de branches d'arbre contrarie la montée ou le finish. La position de la balle ne permet pas de la jouer directement vers le drapeau. Parfois le restricted lie oblige le joueur à frapper un coup, sans pouvoir se rapprocher du drapeau, pour simplement contourner ou s'écarter de l'obstacle. Pour les débutants il est préférable dans presque tous ces cas de déclarer la balle injouable.

LIES EN DEHORS DU FAIRWAY

Toutes les balles ne s'immobilisent pas sur le fairway. Certaines finissent leur course dans le rough, d'autres dans un bunker. Pour chacun de ces cas il existe une solution adaptée, un coup spécial, qui permet de s'en sortir.

Sortir du rough

Le rough est constitué par des herbes plus ou moins hautes qui bordent les fairways. La balle peut s'y être enfouie profondément ou au contraire s'être immobilisée au sommet des touffes de végétations.

› Le "lie en rough". Si on applique à une balle enfouie au fond des herbes un swing classique, on observe :

1 - Un ralentissement de la vitesse de la tête du club au contact des herbes. Le club est même parfois arrêté par les herbes avant d'avoir touché la balle !
2 - L'accumulation d'herbes entre le club et la balle offre une résistance telle qu'elle empêche toute trajectoire haute. Au pire, la balle s'enfonce un peu plus dans le rough.
3 - Si la balle sort, elle a plutôt tendance à se diriger vers la droite de la cible.

En conséquence, plusieurs ajustements sont proposés :

- Adopter un swing vertical. L'angle d'attaque ainsi fermé est favorable à la montée de la balle. Un swing vertical est susceptible de réduire le nombre de corps étrangers qui, en s'interposant entre la balle et la face du club, détruisent l'impact.
Le mouvement n'est guère élégant. On donne l'impression de hacher la balle. Il est efficace.
- Choisir des clubs d'un contrôle facile et très ouverts comme le fer 9 ou le Sand Wedge. A l'impact, toute transmission de backspin à la balle est annulée par l'accumulation d'herbe sur la face du club. Aucun effet retro ne viendra freiner le roulement. Il convient donc de bien prendre la mesure du coup à jouer, en sachant que limiter la puissance de la frappe conduit souvent à rester dans le rough !
- On s'alignera plutôt sur la gauche. Le grip reste très ferme, les appuis forts. L'objectif est de revenir sur le fairway, sans souci de distance ou de précision.

› *Le "lie sur rough" : La balle est restée accrochée en hauteur sur des herbes. Le coup n'est pas très difficile puisque la balle est portée. Le risque majeur est de frapper une chandelle.*

Dans ce cas, on trouvera avantage à jouer un club fermé comme un fer 3, voire le driver !, dont on raccourcit le manche pour tenir compte du lie surélevé, et pour un meilleur contrôle. La balle a tendance à se diriger vers la gauche de la cible. On s'oriente en conséquence.

Sortir des bunkers

Sortie en "explosion"

On considère qu'il existe trois façons de sortir d'un bunker : "en explosion", "clean", "en flyer". Le mode de sortie est choisi en fonction du lie et de la situation du bunker sur le parcours.

› *La sortie en "explosion". C'est la sortie la plus spectaculaire. La balle repose sur le sable. Le bunker est proche du green. Si l'on réalise un swing standard, la face square du club s'enfonce dans le sable. L'énergie est absorbée. Le sable s'accumule entre le club et la balle. Celle-ci reste sur place.*

On a donc recours à un club spécial, le Sand Wedge, et à un coup spécial : la "sortie en explosion".

Le principe du coup est le suivant : il s'agit de jouer la sécurité en prenant délibérément la balle et le coussin de sable sur lequel elle repose, pour les sortir ensemble du bunker.

Pour ce faire, il s'agit de trancher le sable qui supporte la balle, en passant sous celle-ci.

En conséquence :

- *On ferme l'angle d'attaque pour obtenir une trajectoire haute.*
- *On slice la balle pour bien trancher le sable sous-jacent. La tête du club suit un chemin Extérieur- Intérieur. On s'aligne à gauche de la cible, tandis que la face du club est orientée à droite.*

L'obstacle au déplacement de la balle, constitué par le sable, nécessite un swing puissant. On recherche donc de bons appuis en enfonçant ses pieds dans le sable. On raccourcit le manche du S. W. en proportion pour compenser cet enfouissement des pieds.

L'ouverture du stance facilite le finish pour un geste plus performant.

Pour toutes les sorties en explosion, il est préférable de conserver un swing identique.

Pour tenir compte de la longueur à faire parcourir à la balle, plutôt que de varier la puissance du swing, on agit simultanément sur l'orientation du stance et celle de la face du club. Le principe est le suivant : plus on augmente simultanément l'ouverture du stance et l'orientation à droite de la face du club, plus la portée est courte. La portée la plus longue est obtenue avec un stance square et une orientation de la face du club square.

Les débutants, peu familiers avec l'appréciation des distances, utiliseront le "truc" qui consiste à considérer que la cible à atteindre n'est pas le trou, mais le fanion du drapeau.

Le règlement interdit de toucher le sable avec le club avant de jouer. On ne peut donc pas poser le club derrière la balle pour s'aligner. Il convient d'adresser la balle en plaçant la face du club juste au-dessus de celle-ci. La rectification à réaliser par le cerveau devient une constante. Dans le même esprit, toujours pour réduire le nombre de variables, on prendra constamment un à deux centimètres de sable avant la balle. En cas de vent contraire : fermez les yeux. Après une sortie en explosion, le retour de sable est assuré !

› *La sortie en "**flyer**" (de l'ang. : "to fly", trad. : voler). C'est l'ultime recours quand la balle est plugged. La balle s'est enfoncée dans son propre pitch, dans le sable. Elle est pratiquement injouable. Il est impossible de trancher le coussin de sable, comme pour les sorties en explosion. Il faudrait trancher si profondément, que le club se trouverait rapidement arrêté par l'accumulation de sable sur la face du club.*

On s'en sort en jouant un "flyer" : le stance est square. La face du club est fermée. La prise d'élan verticale. A l'impact avec la balle, on touche le moins de sable possible. On oublie le finish. Aucune précision dans la trajectoire n'est attendue de ce type de coup. Quand la balle sort, elle fuse ! Mais elle sort.

› *La sortie "**clean**" : Quand la balle repose dans un bunker situé loin du green, sur le fairway par exemple, l'objectif est de ne pas trop perdre de terrain. On joue la balle "clean" (trad. : propre), c'est-à-dire en évitant tout contact avec le sable. On choisit un club plutôt ouvert - pour la sécurité - comme le fer 7. On joue un plein coup, après avoir pris de solides appuis en s'enfonçant dans le sable. Le manche est raccourci en conséquence.*

Il existe d'autres façons de sortir moins orthodoxes mais tout aussi efficaces. Quand le sable est humide et lourd, il n'est pas aisé de sortir en explosion. En revanche, un simple "chip" peut faire l'affaire. Parfois même quand le bunker n'a pas de lèvre et s'ouvre sur le green, on peut sortir de brillante manière en jouant un putter !

INVENTER

Tout joueur est capable d'inventer ses propres coups pour résoudre le problème particulier auquel il est confronté. Cela dès qu'il a assimilé, c'est-à-dire vécu et compris sur le parcours, les principes de base des coups standard. Il sait alors les compensations à y apporter pour les coups spéciaux.

"Créer" des coups spéciaux, tenter des coups qu'on n'a jamais joués auparavant, voilà sans doute un aspect particulièrement ludique du golf. Sur certains parcours bosselés à souhait, à l'exception des départs, on ne joue pratiquement jamais les pieds au même niveau, le stance à hauteur de la balle. Les greens ne ressemblent pas à la table d'un billard. Les plus beaux sont de vastes greens compliqués de plusieurs plateaux et de pentes en tous sens.

Il est des parcours où les coups spéciaux ne sont plus occasionnels mais constituent la règle.

Ces coups spéciaux doivent être l'objet d'un entraînement spécifique.

Non loin du practice il y a généralement une zone pour travailler les sorties de bunkers. C'est un détour obligé pour progresser.

13

Apprendre

Une initiation au golf vise à installer le plus rapidement possible le débutant dans l'activité, pour qu'il en apprécie tout aussi rapidement la logique et le plaisir du jeu. Une telle initiation en cours individuels ou collectifs requiert trois connaissances méthodologiques essentielles :

- *Savoir ce qu'il y a à apprendre et comment on l'apprend.*
- *Savoir s'engager dans l'activité.*
- *Savoir conduire son entraînement.*

En golf, apprendre signifie devenir capable de putter, d'approcher au plus près, de sortir des obstacles et surtout de réaliser un swing. Des études ont montré que sur la totalité des nouveaux licenciés, la moitié d'entre eux abandonnent au bout d'un an de pratique. La première des raisons évoquées est la complexité de la technique.

Parmi tous les gestes sportifs, la technique du swing est l'un des plus délicats à dominer. Or c'est la clé de tout le jeu.

L'acquisition des habiletés motrices nécessaires à la réalisation d'un swing performant, est un processus qui demande de la patience. Un vieux dicton écossais dit : "Il faut sept ans pour maîtriser le golf : trois ans pour frapper la balle, quatre ans pour la diriger !" Les méthodes d'enseignement, le matériel, la disponibilité des apprenants ont réduit significativement les temps d'apprentissage. Néanmoins, il y a un chemin à parcourir...

Comment faire ? Traditionnellement, le pédagogue répondait "faites ce que je dis" et le champion "faites ce que je fais" ! Certes de nombreux golfeurs ont appris en imitant les joueurs de haut niveau. Il est aussi vrai que des champions n'ont pas eu de champion pour professeur. Toutefois, pour les nombreux débutants qui soupirent : "Je fais comme je peux !", il existe d'autres chemins d'apprentissage qui passent par savoir ce qu'il y a à apprendre.

UN APPRENTISSAGE TECHNIQUE

L'apprentissage du swing est un apprentissage moteur. C'est-à-dire une modification du comportement consécutif à l'exercice physique et à la répétition.

Il n'y a apprentissage que s'il existe un problème moteur à résoudre.

En l'occurrence ici, le swing. Quand on différencie ce qui doit être fait de ce qui doit être mis en œuvre pour le réaliser, on met en évidence deux manières d'apprendre. Si le but, c'est le swing, alors la prise d'élan, le passage des poignets, etc., sont les moyens d'y parvenir. On apprend soit la solution, soit les modes de résolution du problème. Dans le premier cas, il s'agit d'une approche techniciste : on cherche à reproduire un modèle idéal, une forme gestuelle considérée efficace car présente chez les champions. Dans l'autre cas, on s'emploie à construire de nouvelles coordinations, que l'on perfectionnera peu à peu au fil des répétitions.

Le swing est alors considéré comme la résultante et non comme l'objet de l'apprentissage. L'objet de la leçon n'est plus d'y apprendre à reproduire la forme d'un mouvement. Il s'agit de s'exercer à combiner et à organiser des variables choisies avec pertinence pour résoudre les problèmes moteurs posés.

Bref, ce qu'on doit apprendre, ce sont des "solutions motrices". C'est-à-dire une forme particulière de coordination et de contrôle moteur.

Il est facile de constater que d'un joueur expert à un autre, le swing n'est jamais exactement le même.

Dans les grandes lignes, observé de l'extérieur et de façon globale, le mouvement semble identique. Pourtant de nombreuses différences peuvent être mises en évidence : différences de rythme, variations infinies de la position à l'adresse, etc. Ainsi, si l'on peut dire qu'il existe entre deux swings une analogie dans la structure cinématique, des différences sont notables dans la structure dynamique des mouvements. Cette dernière résulte de l'agencement en mouvement de toutes les parties du corps entre elles qui concourent à la réalisation du swing. C'est la structure dynamique qui est déterminante pour la production du geste efficace.

Il en résulte la possibilité théorique d'un grand nombre de variations possibles, dans la réalisation des composantes du swing, pour une qualité et une efficacité du geste globalement identiques. C'est ce qui explique qu'aucun champion ne joue comme un autre. Chacun se distingue des autres par la combinaison originale et personnelle de ces variations, ces "presque riens" qu'on appelle "le style".

La méthode fondée sur l'imitation d'un "style" est peut-être moins adaptée au plus grand nombre que celle qui consiste à apprendre une forme particulière de coordination et de contrôle moteur.

Dans ce cas il s'agit pour le débutant, dans un premier temps, de contrôler ses mouvements. Il consacre toute son attention à résoudre le problème des "degrés de liberté" des articulations. Même de façon approximative, il est aisé de recenser le nombre d'articulations mises en jeu lors d'un swing : pied, cheville, genou, hanche, etc. ainsi que l'ordre

de leurs mobilisations. L'essentiel du contrôle réside dans la mobilisation musculaire destinée à limiter les degrés d'évolution de chaque articulation, prise individuellement d'abord, puis les unes par rapport aux autres. La modification comportementale qui concerne le système musculaire et les articulations intervient pour l'essentiel de façon infra consciente. Les groupes musculaires les plus forts commandent l'activité des plus faibles.

Dans un deuxième temps de l'apprentissage moteur, chaque articulation en jeu est astreinte à une réponse précise, en fonction des réponses formulées par les articulations précédemment sollicitées. Il existe à ce stade de nombreuses possibilités de régulation, de compensation.

Dans les derniers temps de l'apprentissage, le système musculaire contraint les articulations à se comporter comme une unité simple, une structure de coordination. Toutes les parties du corps sont reliées entre elles, et toute déficience éventuelle d'une des parties est automatiquement compensée par les autres.

L'énergie dépensée à ce contrôle musculaire est réduite a minima. C'est ce qui se traduit pour l'observateur extérieur par cette impression de facilité qui se dégage du swing des champions : le mouvement est simple, épuré et délié.

Le processus d'apprentissage est d'abord la régulation progressive des mouvements du corps.

Ce qu'il faut apprendre, ce n'est pas le swing pour le swing, aussi orthodoxe soit-il, mais les habiletés motrices nécessaires à sa construction.

APPRENTISSAGE TECHNICO-TACTIQUE

Il reste ensuite à aborder les aspects technico-tactiques liés au jeu.

Le joueur est maintenant capable de produire un "swing tout-terrain", on pourrait dire un swing général. Il doit à présent le moduler en fonction des conditions de jeu : distance à parcourir, présence d'obstacles, vent, etc.

Pour cela, un certain nombre de paramètres sont pris en compte : l'amplitude du mouvement nécessaire. Le joueur adopte un "full swing" (trad. : plein swing) ou un demi-swing. La durée globale du swing, la puissance mise en jeu, l'orientation des composantes de base : stance, épaules, chemin de la tête du club, orientation de la face du club, etc. sont au nombre de ces paramètres.

Ces éléments définis, le swing est déclenché.

Ainsi, au cours des essais, on apprend à la fois les règles de régulation des mouvements du corps et les règles dites de "paramétrisation". C'est-à-dire la sélection des paramètres pertinents pour la réalisation du swing adapté à la situation.

Apprendre à reproduire une forme idéale du swing, à la recherche de bonnes sensations, ou apprendre un mode opérationnel élaboré à partir des règles de régulation et de paramétrisation du mouvement, telle est la question. De la réponse que chacun donne découle évidemment un certain nombre de conséquences sur les conditions mêmes de l'enseignement. Dans le premier cas, le travail au practice avec un observateur est privilégié. Dans le second cas, l'exploration de toutes les composantes du swing est favorisée en jouant sur la variété des situations (contrôle corporel) et des objectifs (contrôle des paramètres).

Après chaque frappe de balle, on prend le temps de procéder à l'analyse du coup. Il s'agit d'analyser, d'interpréter et de corriger.

Le temps d'apprentissage ne se limite plus au temps passé au practice en présence du Pro. Cette séquence ne constitue qu'une introduction au travail d'apprentissage fondé sur la multiplication du nombre d'essais raisonnés, dans des conditions variées.

LES CONDITIONS DE L'APPRENTISSAGE

On préférera un enseignement étalé dans le temps, plus efficace en terme d'apprentissage, à un enseignement concentré de type "stage".

Cependant, du point de vue de la motivation, ce dernier peut se révéler plus performant. Cours collectifs ou cours individuels sont aussi efficaces au regard des acquisitions technico-tactiques. En revanche, la motivation trouvera un meilleur support en collectif ou en individuel selon la personnalité des apprenants. Pour un temps donné, il ne semble pas y avoir de différences significatives entre les deux options, tant en ce qui concerne la quantité que la qualité des acquisitions motrices.

Quoi qu'il en soit, la présence du Pro est fermement conseillée pour guider les premiers swings.

Des études réalisées dans l'industrie ont montré que pour dominer une nouvelle habileté motrice, il fallait aux ouvriers environ dix-neuf heures d'apprentissage. En revanche, pour simplement modifier une séquence d'une habileté déjà maîtrisée, il en fallait... quarante-cinq ! Se débarrasser de faux mouvements est un exploit bien plus ardu que de se construire un swing classique sous les conseils du Pro !

En golf, les progrès peuvent être très lents. Ils suivent cependant les lois de l'apprentissage :

- *Il n'y a pas de progression linéaire dans les apprentissages moteurs. On progresse dans un secteur de jeu, on régresse dans un autre. C'est de cette combinaison que naissent les progrès, d'une façon inégale et combinée. Le jeu s'améliore par paliers.*
- *La progression dans l'acquisition des habiletés motrices passe par des plateaux où plus aucun progrès n'est constaté. Ces périodes peuvent être plus ou moins longues. On constate parfois des régressions... parfaitement décourageantes ! Elles annoncent cependant des progrès prochains.*

UN ENSEIGNEMENT PERSONNALISÉ

L'expérience montre que les initiations les plus opérantes sont les plus personnalisées. En matière d'enseignement, l'égalité n'est pas qu'un même enseignement soit dispensé à tout le monde, mais que chacun reçoive également un enseignement adapté. Car on n'apprend pas de la même façon à dix ans et à soixante ans. Les capacités physiques ne sont pas les mêmes chez l'actif ou le sédentaire. L'expérience acquise dans d'autres activités physiques et sportives entraîne des comportements différents dans des apprentissages nouveaux. Des débutants n'ont eu pour toute culture physique que celle limitée aux deux heures hebdomadaires d'Education Physique et Sportive, dispensées dans les établissements scolaires. D'autres ont eu ou ont encore une pratique sportive régulière. Autant de profils singuliers que l'on peut multiplier à l'envi. Tous débutants, certes ! Cependant chacun avec un vécu personnel, des besoins particuliers, des objectifs propres et une démarche originale dans l'apprentissage.

Les méthodes analytiques d'apprentissage qui appellent la mobilisation fine et sélective de segments ou de groupes musculaires précis, se révèlent souvent inadaptées pour les plus jeunes et pour un public physiquement peu éduqué. Simplement parce qu'ils n'ont pas (encore) les prérequis pour réaliser ou pour comprendre les consignes des exercices proposés. En revanche, la plupart d'entre eux entrent parfaitement dans l'activité par l'apprentissage d'un geste global.

Les voies de la réussite sont multiples. Il revient à chacun de se construire son niveau de compétence.

On distingue néanmoins dans les pédagogies, trois grandes tendances :

❱ *La pédagogie de l'image*

Le Pro fournit le modèle exact du geste à exécuter. L'élève tente de se l'approprier par imitation. Le Pro révèle alors les manques techniques

et indique les moyens de corriger les défauts. Sur ce modèle depuis près d'un siècle, les revues de golf publient régulièrement des articles pour venir à bout des défauts des débutants.

Ces articles sont à présent renforcés par des vidéocassettes.

La pédagogie de la sensation

Le Pro s'efforce de faire ressentir à l'élève les bons gestes. De nombreuses situations sont mises en place, de telle sorte que l'apprenant passe en revue une palette de sensations. Il retiendra les plus significatives pour lui, notamment celles qui correspondent à l'efficacité optimale de son geste.

Cette approche ne fonctionne pas sur les manques ou les échecs de l'élève. Elle présente une vision plus positive de l'apprentissage. Les simulateurs électroniques sont conçus dans cet esprit.

La pédagogie conceptuelle

Dans cette dernière démarche, c'est l'idée du geste à exécuter qui prime. La tâche du Pro n'est pas de "faire voir" ou de "faire sentir", mais de "faire comprendre". Comprendre les principes à mettre en œuvre (effectuation motrice) et les règles à respecter (analyse de l'environnement) pour atteindre l'objectif fixé.

Dans les deux premières formes d'enseignement, le Pro est garant des réussites et l'élève responsable des échecs : il ne sait pas imiter ou il ne sait pas sentir correctement. La dernière pédagogie répartit équitablement les responsabilités entre l'enseignant et l'enseigné. Ici, le Pro est appelé à trouver les explications adaptées, et l'élève a la responsabilité de sa progression.

En conclusion, apprendre au golf a pour objet d'acquérir par des exercices appropriés et la pratique du jeu :

- *Des savoirs technico-tactiques spécifiques : putting, approche, sortie de bunkers, pleins coups.*
- *Les règles de l'étiquette.*
- *Les savoirs relatifs à la gestion des efforts, à la concentration et à la régulation du jeu en fonction du score.*

Ces acquisitions sont l'objet d'un programme d'entraînement fondé sur la répétition d'exercices et de situations d'apprentissage qui respectent la logique interne de l'activité. Pour chacun de ces éléments, le Pro précise les consignes de réalisation, le but à atteindre et des critères de réussite pertinents pour la poursuite de la progression.

Les résultats sont sensiblement améliorés en respectant trois règles simples :

- *Les exercices et les points abordés avec le Pro pendant la leçon sont revus individuellement avant la leçon suivante.*
- *A l'entraînement, on joue peu de balles, mais bien. Le frappe de balle est l'aboutissement d'une réflexion et d'une concentration sans lesquelles il n'y a pas de vrai coup de golf. Chaque frappe doit être pensée avant et analysée après.*
- *Comme avant toute partie de golf, l'entraînement est précédé d'exercices d'échauffement.*

14

S'échauffer

Le golf est peut-être le seul sport où l'on voit encore un (trop) grand nombre de pratiquants ne jamais s'échauffer. Les joueurs de haut niveau ne sont évidemment pas concernés par cette remarque. Il s'agit plutôt de tous ceux qui, à peine descendus de voiture, passent sans transition du parking au parcours ou au practice pour une leçon. Les contre-performances sont d'ores et déjà annoncées.

Comme pour toute activité sportive, l'organisme doit être préparé et rendu disponible. Un échauffement est un réveil musculaire, articulaire et psychologique. D'une part il vise à préparer le corps à réaliser une performance, qu'il s'agisse de compétition ou d'entraînement. D'autre part, il contribue à réduire les risques d'accidents musculaires, de douleurs, etc.

Un échauffement bien mené conduit d'abord à une augmentation de la température du corps et plus particulièrement des muscles. Les vaisseaux sanguins se dilatent et amplifient l'oxygénation des muscles. L'accroissement de la température réduit la viscosité du sarcoplasme dans lequel baignent les cellules musculaires. L'activité enzymatique en partie responsable de l'élasticité des fibres musculaires et des tendons augmente.

La synovie - l'humeur contenue dans les articulations qui favorise leur fonctionnement - est fluidifiée.

Ces transformations physiologiques entraînent :

- *Un accroissement de la vitesse et de la force de contraction des muscles.*
- *Un gain dans l'amplitude des mouvements.*

L'échauffement, en tant que réveil psychique, améliore la coordination motrice. Les systèmes d'information et de régulation sont mis en alerte. Certains de ces systèmes sont conscients, comme la vue, d'autres non, comme les récepteurs kinesthésiques qui nous renseignent sur nos mouvements, et qui sont logés dans les tendons des muscles ou dans l'oreille interne. En conséquence, l'échauffement comprend deux parties :

- *Une partie générale destinée à mobiliser le système articulaire et musculaire, et une partie spécifique préparatoire à l'activité golfique proprement dite tournée vers un éveil psychique et neuromusculaire adapté.*

Si tout le monde s'échauffe avant une compétition, cette habitude est pratiquement inexistante avant une leçon. Or, on ne peut pallier cette impréparation par un "MULLIGAN" comme lors des parties entre amis ! Pourtant il y a toujours les 169 muscles à coordonner. Une erreur de concentration, un trop d'adrénaline dans le sang, et c'est toute la chaîne musculaire qui se trouve perturbée. Avant une leçon, une préparation convenable est incontournable pour réussir son apprentissage.

Les quelques exercices proposés ne sont là qu'à titre d'exemple pour composer un échauffement.

ECHAUFFEMENT GÉNÉRAL

Il comporte trois aspects essentiels :

- *L'augmentation de la température générale du corps. Le moyen le plus efficace pour atteindre cet objectif serait de procéder à quelques minutes de... footing ! Mais on n'a jamais vu personne courir sur un terrain de golf ! ... et qui osera déroger à la tradition ?*

Cette nécessaire sollicitation de l'appareil cardio-respiratoire se fera à l'occasion de la mobilisation de la musculature et des articulations.

- *Une sollicitation articulaire.*

On mobilise les articulations en explorant leurs possibilités en procédant de haut en bas.

Mouvements de la tête : flexion, extension, rotation, circumduction. Rotation des épaules.

Mouvements du tronc : flexions latérales, circumduction, rotation bassin fixé. Circumduction du bassin et des genoux.

› *Une sollicitation musculaire :*

1 - Des membres inférieurs et du bassin pour la stabilité des appuis. Avec un club sur les épaules, on effectue des rotations du tronc en pivotant complètement sur un pied, puis sur l'autre.

2 - Du tronc et des épaules pour la qualité des rotations. A partir du stance, un club sur les épaules, tronc fléchi à 45° sur les jambes, on effectue des rotations, le dos bien à plat.

3 - Une bonne ceinture musculaire abdominale procure de solides appuis et une parfaite fixation dynamique du tronc pendant le swing. Sans doute n'est-il pas aisé au practice de procéder à des exercices de renforcement abdominal. On prendra soin de les effectuer régulièrement à domicile.

Le renforcement abdominal est une garantie contre l'apparition de douleurs au niveau lombaire. Contrairement à l'idée reçue, le golf n'est pas traumatisant pour la colonne vertébrale. Une activité physique pratiquée régulièrement et assidûment par un si grand nombre de "seniors" ne saurait être dangereuse pour la santé. Les personnes qui présentent un dos fragile adaptent le mouvement à leurs possibilités, compensent en jouant sur les variables. Certains parlent même du golf comme d'une véritable "école du dos".

Un autre exercice de rotation consiste à swinguer le club d'un seul bras. On fixe l'autre bras en plaquant la main sur l'épaule opposée ou en la plaçant dans le dos.

4 - Des avant-bras et des poignets pour l'optimisation du follow through. On manipule à bout de bras un club en tous sens. Bras droit puis bras gauche.

Balancers, rotations et appuis

On balaye le sol avec la tête du club par simple action des poignets. Ce travail de rotation est préparatoire au croisement / décroisement des avant-bras lors de l'impact. Au take away, la main droite est en supination, la gauche en pronation. A l'impact, les deux mains sont en demi-supination. A la fin du follow through, la main droite est en supination, la main gauche en pronation. Ce passage doit se dérouler en rythme, dans une belle symétrie et sans à-coups. C'est l'âme du swing !

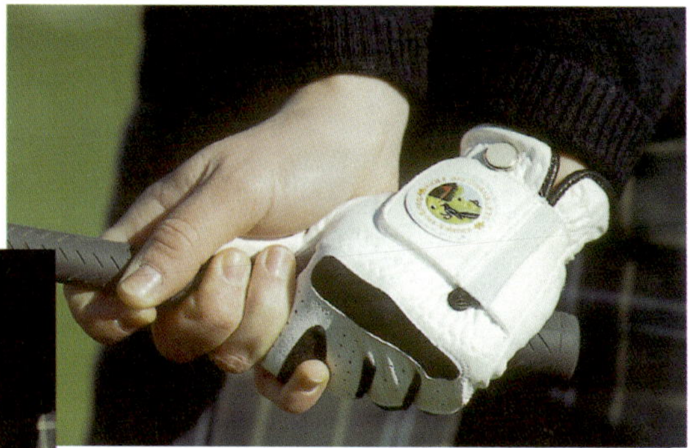

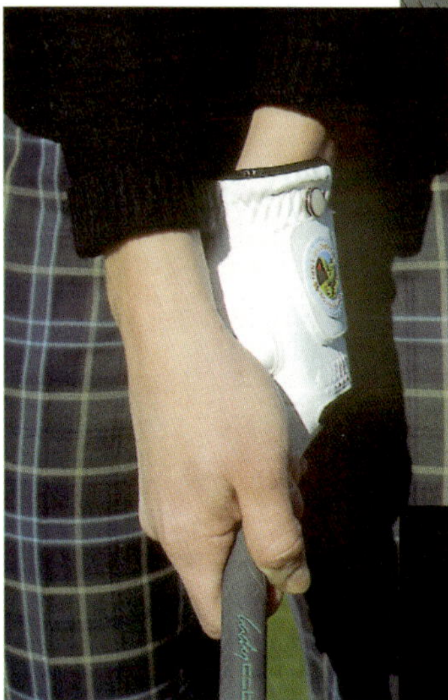

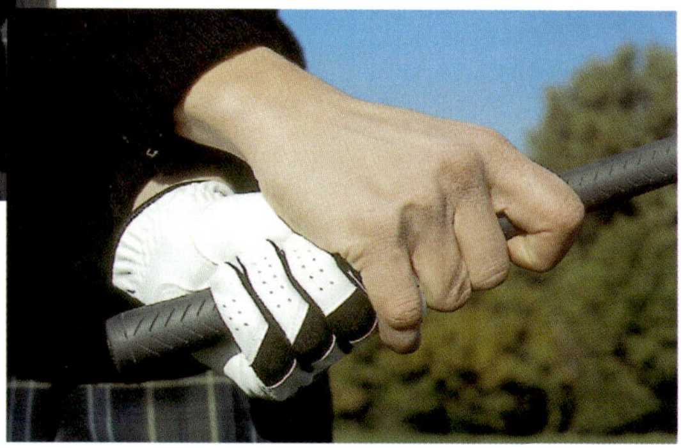

Le passage des poignets

Les techniques de stretching (d'étirements statiques) conviennent parfaitement pour conduire un bon échauffement.

Cette méthode d'étirements est sans danger pour l'intégrité des tissus musculaires, des tendons, et contribue à la prévention et à l'élimination des sensations de courbatures.

Les techniques de stretching conviennent parfaitement pour conduire un bon échauffement.

Il s'agit d'étirer à son maximum le muscle ou le groupe musculaire considéré, et de tenir la position ainsi obtenue de 30 à 45 secondes, en conservant un rythme respiratoire régulier. Puis on relâche.

ECHAUFFEMENT SPÉCIFIQUE

Suite à l'échauffement généralisé, on se rend au practice pour frapper une vingtaine de balles avec les fers 9 et 7.

Les mouvements sont amples et relâchés. Il s'agit avant tout d'un échauffement et non d'un entraînement. On fait essentiellement porter son attention sur l'aisance corporelle. Toute recherche de distance est absente. On se rend ensuite au putting green pour exécuter quelques putts, dans le même esprit de recherche d'un mouvement délié, attentif aux sensations.

Cet échauffement au putting ne doit pas être confondu, lui non plus, avec un entraînement. On termine cet échauffement spécifique par quelques approches pitchées, toujours en recherche de décontraction.

On est alors prêt à aller sur le parcours ou à prendre sa leçon.

Pourtant, même après le meilleur échauffement, l'organisme n'est pas encore à 100% de ses possibilités. En boxe, il existe des "rounds d'observation". Ici, on considérera les deux ou trois premiers trous comme une "mise en route". C'est sur ces premiers trous que l'on prend confiance, que l'on gère la "pression", le stress occasionné par le parcours, l'adversaire, l'enjeu. Il est préférable d'assurer sur ces premiers trous un jeu sans prise de risques.

15

S'entraîner

L'entraînement, c'est la répétition. Encore faut-il que les gestes répétés soient pertinents. Pour cela, le Pro indique les critères de réussite. Savoir s'entraîner, c'est être capable de reconnaître, à l'aune de ces critères, si ce qui est réalisé est valable et peut être répété. Sinon quelles sont les modifications à apporter. Tant que cette compétence n'est pas acquise, il convient de poursuivre l'entraînement sous le contrôle direct du Pro.

Quatre éléments fondamentaux organisent l'entraînement :

LE PUTTING

Le putting requiert des exercices d'abord dominés par des considérations tactiques.

On apprend à négocier différents types de position des drapeaux, selon le principe pour les débutants du “bien mal-jouer”.

Ce principe exige que soient intégrées dans le projet du coup à venir, les conséquences possibles d’une réalisation imparfaite.

Au putting green, on définit neuf trous à jouer en dix-huit coups. Les distances sont similaires à celles rencontrées sur les greens des parcours.

- *Trou amont. Si la balle n’entre pas, elle doit s’arrêter après le trou. Sur ces putts, la faute est de rester trop court par la non prise en compte de la pente.*
- *Trou aval. Le danger ici, est que la balle n’entre pas. Car alors elle continue à prendre de la vitesse dans la pente et s’éloigne d’autant plus du but. Mieux vaut donc jouer plus court, dans l’intention de s’arrêter à vingt centimètres avant la cible. L’erreur d’appréciation de la distance permet de conserver une chance sur deux d’entrer directement la balle (“Bien mal-joué” !).*
- *Trou supérieur. La pente conduit naturellement la balle à passer en dessous, à l’intérieur, et à accélérer sa course dans la pente en s’éloignant d’autant du but. En conséquence, si la balle n’entre pas, elle doit manquer la cible en passant au-dessus. Une erreur d’appréciation dans la puissance à communiquer à la balle, et celle-ci ne montant pas suffisamment...entre !*
- *Trou inférieur. La pente conduit naturellement la balle à l’extérieur et accélère son mouvement. Si la balle n’entre pas, elle doit manquer le trou par au-dessus. Toujours selon le principe du “bien mal-joué”, adresser la balle dans cette intention est statistiquement favorable.*

Un test simple d'évaluation de compétence est possible : entrer sept balles sur dix à un mètre de distance d'un trou. On considère qu'en dessous de sept, la réussite peut être due au hasard.

Ces exercices sont aussi l'occasion d'aborder quelques considérations techniques.

On règle son "grip" standard : paumes face à face sur le manche, poignets fixés. On fixe le mouvement de balancier des bras à partir des épaules. Le nez pointe sur la balle. A l'occasion d'un mouvement de balancier symétrique par rapport à l'impact, on repère la relation qui existe entre l'amplitude et la puissance communiquée à la balle. On fait le plein de sensations. L'entraînement ne saurait excéder le quart d'heure afin de conserver un jeu relâché. Trop de putting entraîne souvent des attitudes crispées, une réduction de l'amplitude du geste, etc. Dès que ce genre de sensations apparaît, l'entraînement au putting doit cesser.

LES APPROCHES

Les exercices aux approches roulées sont de même nature que l'entraînement au putting. Il s'agit avant tout de retrouver des sensations. Pour les approches roulées, on utilise le fer 9 comme un putter. La balle vole une distance égale à celle qu'elle va parcourir en roulant sur le green. La répétition de ce type d'approche conduit à se constituer une mémoire de sensations à laquelle on fera appel quand, sur le parcours, on sera confronté à des situations similaires.

Les approches pitchées demandent un entraînement plus spécifique.

On utilise le Pitching Wedge. On s'installe avec un seau de balles, dans l'espace du practice réservé aux entraînements sur herbe. Une cible est définie à une trentaine de mètres par un seau, un parapluie ouvert, un cerceau, etc. La balle jouée doit venir s'arrêter sur la cible directement ou au premier rebond.

Une évaluation simple est possible en comptabilisant sept essais positifs sur dix consécutifs.

L'entraînement conduit à maîtriser la technique des approches pitchées. La distance à faire parcourir à la balle est faible. Un plein swing est donc inopportun. Le raccourcissement du swing, sa réduction possible au seul passage des poignets, écourte la durée du geste. Le transfert de poids est devenu impossible. En conséquence, le stance est réduit, tout le poids du corps est préalablement fixé sur la jambe gauche.

La cible est étroite et demande beaucoup de précision. Au finish, le bassin est bien orienté vers la cible.

La balle doit monter pour s'immobiliser à l'endroit où elle tombe. Plus elle est animée d'un effet rétro, plus elle reste sur place. Plus la balle est pincée entre le club et le sol, plus elle montera. On applique un angle d'attaque de la balle très fermé. Pour cela, les poignets sont fixés et maintenus en avant de la tête du club en forward press (cf. p. 133). Le chemin de la tête du club est Extérieur - Intérieur. La balle est pratiquement slicée. Le Pitching Wedge produit une grande quantité de backspin qui domine et annihile heureusement les effets latéraux. La balle monte droit sur la cible.

On repère deux fautes courantes dans les approches pitchées :

- *Au moment de la frappe, le joueur tente de lever la balle en utilisant le club comme une cuillère. Le poids du corps se déplace alors sur le pied arrière. Ce décalage suffit pour que le club vienne frapper la terre avant la balle. C'est une gratte ! Pour contrer ce risque, le pied droit ne repose au sol que sur son bord intérieur. Tout le poids du corps est ainsi calé sur la jambe gauche, et les possibilités d'appui sur la droite sont réduites.*
- *A l'impact, le joueur anticipe la montée de la balle en relevant les épaules. Ce décalage suffit pour que le club ne vienne toucher que le haut de la balle et... top !*

Pour contrer le top, on s'oblige à conserver la tête le plus longtemps possible là où reposait la balle. Cette fixation de l'axe de rotation par tête interposée, favorise une bonne rotation symétrique des épaules.

Un effet collatéral des exercices aux approches pitchées est l'arrachage répété de divots encore appelés familièrement "escalopes". Ceux-ci sont systématiquement enlevés à partir de la balle sur quelques centimètres vers l'avant. Ces divots sont le gage d'un coup bien frappé, d'une balle bien pincée. On place la balle suivante au bout du divot précédent. Ainsi, au cours de l'entraînement, on trace une ligne sur soixante centimètres environ. Puis on en trace une seconde, accolée à la première, de telle sorte qu'à la fin de l'entraînement, un carré d'herbe a été détaché. On replaque les divots. Le sol sera réparé par le greenkeeper. Il lui sera aisé de répandre un mélange de sable et de graines sur le carré proprement endommagé.

SORTIES DE BUNKER

Chaque séance d'entraînement devrait faire l'objet d'une vingtaine de sorties de bunker. La situation retenue est celle de bunkers de bord de green. Dans un premier temps les exercices doivent conduire à sortir régulièrement la balle sur une dizaine de mètres, qui est la distance la plus courante à jouer autour des greens. Dans un second temps on cherche à faire varier la distance en ouvrant plus ou moins la face du Sand Wedge (cf. p. 187).

Il est aussi possible de faire varier la distance en prenant plus ou moins de sable avant la balle. Plus on en prend, moins on va loin. Les experts sauront aussi faire varier la distance en réduisant la vitesse et la montée du swing. Ces dernières techniques, délicates à maîtriser ne concernent pas les débutants. Le risque de rester planté dans le sable est important. Or c'est bien là la faute la plus courante à éviter abso-

lument. La tête du club, le coussin de sable sur lequel reposait la balle, et la balle, c'est tout l'ensemble qui doit sortir du bunker.

LE SWING

Les exercices au practice sont les gammes du pianiste. Il s'agit de répéter des routines jusqu'à la maîtrise d'un swing standard.

On débute par une dizaine de swings sans la balle, en ayant cependant choisi un point précis de passage de la tête du club sur le tapis.

On détermine ensuite une cible sur le practice qui permette l'orientation précise du stance, des épaules, du club, etc. Puis on déroule le "check list", résumé dans les cinq points de la perfection :

1. *Take away / armé des poignets.*
2. *Montée / rotation des épaules / transfert du poids sur pied arrière.*
3. *Descente / rotation inverse des épaules / transfert du poids sur pied avant.*
4. *Follow through / passage des poignets / blocage sur jambe gauche.*
5. *Finish / nombril à la cible / quart de tour intérieur du pied droit.*

L'accent est toujours mis sur le tempo du swing. Ne pas forcer un club ou, pour rester dans la métaphore musicale, ne pas aller plus vite que la musique, est un des thèmes récurrents de tout entraînement. Le Pro mythique des années trente, Bobby JONES, faisait la démonstration suivante. Il attachait son couteau de poche au bout de son mouchoir d'un simple nœud. Il balançait l'ensemble. Quand on balance trop fort ou trop vite, le mouchoir se dénoue et le couteau tombe. Si l'on applique le balancement approprié, l'ensemble adopte une oscillation régulière.

"Là est le secret du swing" disait-il justement.

Le test d'évaluation consiste à placer au premier rebond, dix balles consécutives à cent trente-cinq mètres environ, en direction d'une cible préalablement choisie. Un écart de dix mètres de part et d'autre du but est toléré.

Dans un second temps, on travaillera au practice les coups à effet. L'objectif est de maîtriser le draw et le fade. Ces coups permettent de négocier habilement les doglegs gauches et droits qui se rencontrent régulièrement sur les parcours.

L'entraînement se termine sur le terrain par du jeu dirigé. Quelques trous significatifs sont joués sous la direction du Pro. L'équipement réduit suffit : fer 7, Sand Wedge et putter.

Si l'on est en groupe, on joue "scramble". Pour un débutant, scorer le triple du Par sur neuf trous en "stroke play" est un bon résultat.

On considère que l'initiation est terminée, quand on est capable de subir avec succès les épreuves de la carte verte (cf. p. 226). Une vingtaine d'heures généralement suffit.

Cette carte permet d'aller seul sur les parcours. La phase des perfectionnements commence. C'est le début pour certains d'incessants allers-retours du practice au parcours, à la recherche de la perfection... Pour d'autres, le temps est venu de se faire plaisir, en s'amusant à jouer !

Au practice, à la recherche de la perfection...

16

Golf et environnement

A partir des années 80, l'engouement pour le golf a entraîné l'ouverture d'un grand nombre de parcours nouveaux, sur toute la planète. On considère qu'il se crée, aujourd'hui encore, un golf par jour en Amérique du Nord.

En quelques années, la France est devenue le quatrième pays du monde pour la densité des golfs. La progression a été étonnante : de 136 golfs en 1981, on est passé à 420 dix ans plus tard. Il s'est ouvert à cette époque 50 golfs par an !

La progression s'est depuis ralentie pour se stabiliser autour de dix ouvertures par an.

Auparavant, seules des considérations sportives et esthétiques conduisaient à la création de parcours. En 1900, Pierre DESCHAMPS, conseiller d'ambassade à WASHINGTON, décide à son retour à PARIS de créer un golf. Une ferme est à vendre près de VERSAILLES. Elle deviendra le prestigieux Golf de la BOULIE.

Les parcours sont alors le plus souvent implantés dans des lieux magnifiques. On songe au golf d'ETRETAT et sa vue imprenable sur les fameuses falaises, au Golf de CABOURG avec ses neuf trous nichés dans les dunes, au Royal d'EVIAN allongé en bord de lac...

Puis l'implantation de golfs deviendra une opération rentable dans le cadre du développement du marché du tourisme et de l'immobilier.

C'est alors que les 30 000 parcours aujourd'hui dénombrés dans le monde et leur extension entrent en rivalité avec d'autres usages du sol. La question de l'aménagement de l'environnement est posée. Elle est sous-tendue par celle de la protection de l'environnement. La concurrence qui s'exacerbe entre les golfs pour assurer leur rentabilité a des conséquences directes sur les formes d'occupation et de gestion des espaces naturels. L'économique a définitivement investi l'espace sportif.

Les recherches d'impact sur l'environnement de l'aménagement de golfs concluent à leur innocuité. Néanmoins ces études sont peu nombreuses et n'empêchent pas le développement de polémiques plus ou moins raisonnables entre aménageurs et environnementalistes. Certes, toute présence humaine dans un espace naturel suffit à lui conférer une dimension culturelle. Encore faut-il que cette culture se fonde sur une protection raisonnée de la nature. Pour autant, la connaissance des questions soulevées permettra à chaque golfeur d'appuyer, pour la gestion des golfs, une orientation toujours plus respectueuse de la nature.

DES QUESTIONS

Les reproches essentiels faits aux golfs concernent la transformation de la nature et l'usage de l'eau.

L'artificialisation du milieu conduit parfois à la destruction de zones humides, de réserves naturelles pour la faune et la flore, à la déforestation. Ainsi, selon l'agence nationale de l'environnement du JAPON, l'aménagement des golfs dans le sud-est asiatique provoque la destruction de 5000 hectares de forêts par an en moyenne.

Le déplacement de grandes quantités de terre pour la construction de fairways bosselés, la création des greens, conduisent à l'utilisation massive de produits phytosanitaires et de fertilisants.

On a pu écrire que les greens sont de vraies éponges à pesticides. Ils en contiendraient cinq fois plus que des terres agricoles. Un golf de dix-huit trous consomme entre 150 000 et 200 000 m^3 d'eau par an, soit en moyenne 1500 m^3 par jour, soit l'équivalent de la consommation d'un bourg de 4 000 habitants. L'entretien des greens, similaire à l'agriculture intensive, fait un usage immodéré de l'eau, qu'il contribue à polluer. La fertilisation à base d'azote par exemple pollue si les quantités répandues sont trop importantes pour être assimilées par les plantes.

DES FAITS

Un green de parcours international coûte à la construction environ 30 000 € soit plus de 500 000 € d'investissement uniquement pour les greens d'un dix-huit trous. Il en coûte autant en entretien. Un green peut être détruit en une heure par un développement aberrant de champignons, de parasites ou d'insectes. Il faut empêcher l'apparition de taches sèches en le protégeant constamment de tout stress hydrique. On arrose, sous nos latitudes, de fin février à septembre. Or, cet arrosage important contribue au développement des champignons redoutés. Un cercle vicieux est amorcé.

Un green est d'abord un système de drainage de pierres concassées. Ces pierres sont recouvertes d'un mélange de sable (80 %) et de terre tamisée aussi finement que du café moulu. A ce mélange on ajoute les semences de gazon. Les herbes utilisées sont des graminées de la famille

des agrostides. Ce sont des plantes vivaces naturellement présentes dans les pâturages. On distingue différentes sortes comme le Pentross, le Pineagle, le Cobra, le Bent grass, etc.

Un green est donc une monoculture de graminées régulièrement tondue à moins de 5 mm de hauteur.

Un green est une monoculture de graminées tondue à moins de 5 mm de hauteur.

Par comparaison, le gazon d'un jardin est coupé à 50 mm. Dans nos régions, les greens sont tondus tous les jours de la fin février à la mi-novembre. Le sol, pauvre en fertilisants naturels, doit être enrichi régulièrement. Il faut le protéger des agressions par des fongicides et des pesticides. Pour détruire tout ce qui n'est pas la graminée, on a recours à des herbicides. Ces traitements demandent toujours plus d'arrosage, qui en retour favorise les maladies et donc appelle de nouveaux traitements.

Ceux-ci contribuent à détruire les micro-organismes qui fertilisent naturellement le sol. On ajoute alors des fertilisants comme l'azote et la potasse. Ces adjuvants favorisent la croissance des radicules des graminées qui peuvent alors augmenter leur consommation d'eau pour favoriser leur croissance. Les fertilisants acidifient la terre et tuent les vers de terre qui aèrent naturellement le sol. En leur absence, le sol acide et compact réclame un surplus de fertilisant et un carottage mécanique. On perce ainsi toute la surface du green. Le même procédé est d'ailleurs appliqué aux tours de greens et aux tertres de départ qui sont de même nature.

Dans ces conditions, les greens sont entièrement dépendants de leur diète chimique. Ils sont en survie. Que l'entretien ne soit plus régulièrement assuré, et ils meurent.

La France compte environ 500 hectares de greens, qui ne sont pas tous traités aussi durement, comme on le verra plus loin.

DES EFFETS...

En compétition avec d'autres activités économiques pour l'appropriation des espaces d'aménagement possibles, un golf doit faire la preuve de sa rentabilité. D'autant plus que la multiplication des parcours développe une concurrence interne entre golfs. Or, trop de rentabilité tue la rentabilité.

D'une part, les demandes des joueurs obligent les aménageurs et les gestionnaires des parcours à recourir à une artificialisation poussée à l'extrême. Les fairways doivent toujours être plus verts, plus vastes. On tend à les tondre toujours plus ras et donc plus souvent. Un fairway est régulièrement coupé trois fois par semaine à une hauteur de 14 à 17 mm. Pour faire la différence, certains golfs tondent quatre fois par semaine à 8 ou 10 mm. Cette hauteur tend à estomper la différence entre greens et fairways. Les joueurs ont ainsi le sentiment de jouer sur une véritable moquette ! On tondait autrefois des espaces de fairway pour les

transformer en green, durant l'hiver. Cette pratique des "greens d'hiver", pour protéger les greens des rigueurs du climat, est abandonnée. Les greens modernes, d'un vert totalement surnaturel, sont utilisables toute l'année.

Le sable de rivière de couleur jaune qui ornait les bunkers est remplacé par du sable blanc plus évocateur des Tropiques. La croissance forcée du gazon oblige à redécouper les bordures des bunkers tous les trois jours, car l'herbe gagne toujours sur le sable. L'équilibre dans la gestion d'un golf se révèle aussi délicat, instable et provisoire que l'entretien d'un green. Les investissements engagés dans l'artificialisation de l'espace conduisent à une augmentation proportionnelle des coûts incompressibles d'entretien. Cette fuite en avant va à l'encontre de la rentabilité escomptée. Pire, cette nature totalement chosifiée réveille chez le golfeur des sentiments esthétiques et éthiques.

"Chassez le naturel, il revient au galop" c'est proverbial. Jouer au golf, c'est aussi pour une part, reprendre contact avec une nature paisible et idéalisée.

Une nature idéalisée

Ces golfs aux fairways alignés comme des boulevards, tirés au cordeau, finissent par lasser par leur monotonie. Le golf n'est pas un jardin à la française. Il ne prend tout son sens que dans le fouillis composé et la sage folie du jardin anglais.

Par ailleurs, il y a un seuil au-delà duquel la violence faite à la nature devient intolérable. En golf, comme dans toutes les activités de pleine nature, les pratiquants sont très attachés finalement, heureusement, à la qualité de l'environnement naturel.

DES ATTENTIONS

Qu'il s'agisse de flore ou de faune, ce lien organique qui relie le golfeur à son environnement est présent en permanence dans le Règlement. Quelques exemples en témoignent. Sur le green, la priorité est donnée à la réparation des pitches. Si quelques brindilles ou feuilles se trouvent sur la ligne de putt, on ne peut les retirer sans pénalité qu'avec la main ou le club, autant dire précautionneusement. Quand on a replacé le drapeau, on répare d'abord les dégâts éventuels faits par les clous des chaussures avant de rejoindre le trou suivant. Si un joueur gêné par une branche d'arbre, la courbe ou la brise pour jouer, il est pénalisé de deux coups en stroke play et par la perte du trou en match-play. Les relations avec les animaux sont aussi équitables. On ne peut pas être pénalisé par un animal. Ainsi, une taupinière n'est pas considérée comme une obstruction. Si la balle termine sa course dans une taupinière, on peut la dropper en dehors sans encourir de pénalité. Dans le même esprit, si l'on est gêné par ce monticule pour prendre son stance, on peut déplacer la balle sans pénalité. La taupe est un animal familier sur nos golfs. Elle n'est pas une gêne. Les greens étant pratiquement stériles, elle préfère évoluer dans les roughs où elle trouve de quoi s'alimenter. Elle a besoin en effet de manger une fois et demie son poids par jour. La taupe mérite le respect, elle joue tous les trous en aveugle !

Le lapin est le compagnon des golfeurs matinaux. Le lapin ne cause de dégâts qu'aux greens nouveaux qui doivent être protégés sous peine d'être joyeusement grattés. L'odeur des premières pousses si tendres, dissimule le goût des adjuvants. Dès que les greens sont à maturité, le lapin retourne à ses espaces favoris, les roughs, les talus et parfois les bunkers ! Toutefois, dans un bunker, si la balle repose dans un trou creusé par un lapin, on la droppe, certes toujours dans le bunker, mais sans pénalité. Il existe une vraie connivence entre golfeurs et lapins. Le surnom de "**rabbit**" est gentiment attribué par les professionnels aux amateurs parce que disent-ils, ce sont des joueurs qui grattent beaucoup pour faire un trou !

DES EFFORTS

De nombreux gestionnaires de golfs aujourd'hui tentent de concilier, non sans succès, la qualité du parcours, sa rentabilité et la protection de l'environnement. Abandonner tout traitement est illusoire. Quand des larves grises attaquent le green, on pourrait laisser le corbeau s'en charger. Mais le corbeau ne mange qu'en compagnie, et quand une compagnie de corbeaux festoient, le green est laissé en piteux état. Le recours aux insecticides est inévitable. Néanmoins, à la fois pour éviter de développer des résistances et afin de diminuer les doses, on varie les produits épandus. Dans le même esprit, pour "apprendre au green à développer ses propres défenses", à vivre par lui-même, on fertilise moins souvent. On effectue un traitement toutes les six semaines, en ajoutant des bactéries, de telle sorte que l'on puisse minimiser les interventions qui, on le sait, sont toujours source de déséquilibres. Bref, on traite de cinq à dix fois moins qu'auparavant. Les produits sont mieux ciblés, leur utilisation mieux maîtrisée. Les golfs sont orientés définitivement vers une gestion attentive aux questions de l'écologie.

17

Licences, Cartes et Handicap

LA LICENCE

Il existe aujourd'hui en France 520 golfs pour environ 280 000 pratiquants. Pour avoir accès aux parcours, il faut être licencié à la Fédération française de Golf. Cette licence peut s'acquérir directement à la F.F.G., pour une somme d'environ 3,80 euros. Son titulaire est considéré comme "indépendant". Sur présentation de sa licence, il a accès à n'importe quel golf public, après en avoir réglé le green fee. Les "indépendants" sont aussi bienvenus dans la plupart des golfs privés qui, généralement, demandent qu'ils soient titulaires de la carte verte (C.V.)

ou d'un Handicap. On est licencié aussi quand, pour reprendre le slogan bien connu "le golf dans un club c'est plus golf !", on s'inscrit dans un club.

A chaque parcours, privé ou public, correspond un club affilié à la Fédération française de Golf (F.F.G.). Chaque club développe en son sein une Association Sportive. Même s'ils sont tous égaux devant le jeu, les adhérents n'ont pas tous le même statut. On peut être simple sociétaire d'un club. On est alors "semainier" ou "plein temps". Dans le premier cas, on ne vient jouer qu'en semaine et on a accès à un tarif privilégié sur les green fees de week-end. Dans le second cas, l'accès au parcours est illimité. Les tarifs diffèrent en fonction. Membre, on peut faire en plus partie de l'association sportive pour représenter le club aux compétitions. Les golfs privés offrent l'occasion d'être actionnaire, c'est-à-dire propriétaire d'une partie (action) du parcours. Tout dépend à la fois du golf que l'on désire pratiquer, et des sommes que l'on décide de consacrer à sa passion.

LA CARTE VERTE

Tous ceux qui désirent accéder aux parcours sans être obligés de participer à des compétitions (condition indispensable pour obtenir un Hcp comme on le verra plus loin) doivent en principe posséder la carte verte. Cette carte, instituée par la F.F.G., est le permis de conduire du golfeur.

Il s'agit d'un examen pratique et théorique que tout débutant est capable de réussir après quelques séances d'entraînement.

Elle atteste que son titulaire est capable de jouer neuf trous d'un parcours, à allure normale, dans une partie de trois balles, en respectant scrupuleusement l'Etiquette.

Pour se présenter à l'épreuve, il faut être licencié, connaître les règles de l'Etiquette et avoir joué au moins vingt tours de neuf trous. Un "Pro" doit pouvoir attester de votre capacité à faire voler la balle sur une distance convenable.

L'épreuve consiste dans la réalisation d'un neuf trous selon le règlement, dans un temps donné. Trois trous sont l'objet d'une observation à partir d'une grille de dix-huit repères. Dix de ces repères appréciés positivement sont gage de réussite.

La carte verte souligne parfaitement qu'être un bon golfeur, c'est d'abord et avant tout être capable de jouer dans le respect des partenaires, du parcours et de l'esprit du jeu. Le score est négligeable.

LES CARTES OPEN

Ces cartes remplacent les anciens Brevets Sportifs. Elles ponctuent la formation des jeunes, des "poucets" (10 ans) aux cadets (17-18 ans).

La carte Open est le premier niveau qui donne accès au parcours. Sa validité est d'un an, renouvelable jusqu'à l'âge de 15 ans.

L'Open de bronze accorde la gratuité de green fee jusqu'à 17 ans. L'Open d'argent est accessible jusqu'à 18 ans. L'Open d'or, valable jusqu'à 21 ans, est la porte de la compétition de haut niveau. Ces cartes sont décernées dans les clubs par les Pros responsables de la formation.

LE HANDICAP

L'autre façon d'accéder aux parcours est d'avoir un Handicap (Hcp). Pour l'obtenir, il suffit de participer à une compétition homologuée par la F.F.G. : en Stroke Play, Stableford ou Contre le Par.

Le calcul du Hcp semble complexe au premier abord car c'est une résolution universelle de problèmes particuliers.

Il s'agit en effet de comparer tous les joueurs de la planète à partir de résultats obtenus sur n'importe lequel des 30 000 golfs existants.

On a donc procédé à l'évaluation des parcours. Pour ce faire, on a retenu deux indices : le "Scratch Score Standard" et le "**Slope**".

Le S.S.S. définit la difficulté d'un parcours pour un joueur "scratch", c'est-à-dire supposé jouer le PAR.

A chaque parcours ses difficultés

Le “Slope” (trad. : pente) exprime la difficulté du parcours à partir de l’écart entre un joueur “scratch” et un “bogey player” supposé jouer +1 à chaque trou.

Lorsque tous les trous d’un parcours sont étalonnés, on leur attribue à chacun et pour chacun de leurs départs, les S.S.S. et les Slopes. Le S.S.S. est un chiffre proche à la décimale du PAR. Le Slope est un nombre compris entre 100 pour un parcours facile et 150 pour un parcours difficile. La valeur neutre du Slope est 113 (et non 125, ce qui explique l’emploi du terme de Slope). Le S.S.S. est pris en compte pour l’attribution des coups reçus en formule Stableford et Contre le Par. Ils résultent du calcul suivant :

Nombre de coups reçus = (index x Slope/113) + (S.S.S. - Par)

Le "**Scratch Score du Jour**" qui dépend des conditions climatiques est automatiquement calculé en fonction des résultats des joueurs de première, deuxième et troisième catégories (cf. plus loin). A présent que tous les golfs sont devenus comparables, il reste à comparer les joueurs entre eux. On attribue à tous les joueurs un **index**. Cet index est compris entre 0 pour les joueurs "scratch" et 53,5 pour les débutants. Selon le parcours sur lequel on joue, et selon le départ choisi, le Handicap de jeu = index x Slope/113. Un tableau de correspondances est affiché dans chaque club, ce qui évite de sortir les calculettes! Il suffit de connaître son index.

L'ordinateur de la F.F.G. se charge de la mise à jour permanente des index que l'on peut consulter au *www.ffg.org*.

Certes ce qui précède ressemble par certains côtés à une usine à gaz, mais le système obtenu est finalement plus équitable. Chaque joueur ne conserve plus comme repère que son index. Celui-ci lui permet de déterminer son "handicap de jeu", sa marge d'erreur, comme le traduisent si bien les Québécois, en fonction du parcours et des repères de départ choisis.

Pour répondre aujourd'hui à la question rituelle "Quel est votre handicap ?", il suffit d'arrondir son index au chiffre supérieur. Votre index est de 13,5, vous avez un handicap de 14.

En fonction de leur index, les joueurs sont à présent répartis en cinq catégories.

1re catégorie jusqu'à l'index 4,4
2e catégorie de 4,5 à 11,4
3e catégorie de 11,5 à 18,4
4e catégorie de 18,5 à 26,4
5e catégorie de 26,5 à 53,5

Cinquante-quatre barreaux à l'échelle de la hiérarchie, il y a de quoi occuper un golfeur pendant toute une vie. Si le système en indiffère certains (surtout chez les Dames), le Hcp peut, chez d'autres (les jeunes

seniors comme les adolescents !), devenir une véritable obsession. Il est vrai que quand on accède en première catégorie, on peut envisager de vivre de sa passion.

Les joueurs professionnels n'ont pas d'index. Leur classement est déterminé par leurs gains en tournois.

LES MÉTIERS DU GOLF

Un certain nombre de formations débouchant sur des métiers liés au golf sont en place. (Il n'est pas question bien sûr ici de la carrière de joueur professionnel).

Le brevet d'Etat

Le premier des métiers liés au golf est bien entendu celui d'enseignant. Pour enseigner le golf contre rémunération, il faut, comme le stipule la loi du 16 juillet 1984 dans son article 43, être titulaire du Brevet d'Etat d'Educateur Sportif de Golf (BEES Golf).

L'école fédérale, qui dépend directement de la F.F.G., prépare à l'obtention de ce diplôme.

Ce brevet comprend deux parties :

- *Une partie commune à toutes les disciplines sportives.*
- *Une partie spécifique, golf, comprenant des épreuves pratiques, des démonstrations techniques et pédagogiques.*

Ce brevet comprend trois degrés :

- *BEES 1er degré : donne la qualité de Moniteur.*
- *BEES 2e degré : Professeur.*
- *BEES 3e degré : Maître professeur.*

Pour se présenter au BEES 1er degré, il faut remplir les conditions suivantes :

- *Avoir dix-huit ans,*
- *Être titulaire du Brevet National de Secourisme,*
- *Justifier d'un Hcp égal ou inférieur à + 5.*

Les candidats ne peuvent présenter la partie spécifique golf qu'après avoir été admis aux épreuves communes.

Ces formations de BEES 1er degré, sous la direction de l'Ecole Fédérale, sont dispensées à VICHY, mais aussi à TALENCE, MONTPELLIER, POITIERS ou MARSEILLE (durée un an).

Personnels d'entretien

Une autre profession liée au golf est celle de Greenkeeper. Le Ministère de l'Agriculture délivre, après formation en Lycée Agricole, un certain nombre de diplômes permettant d'accéder aux carrières de personnels d'entretien de terrain de golf (Brevet de Technicien Supérieur d'intendant de terrain de golf, Brevet de Technicien Agricole, d'ouvrier jardinier de golf et de mécanicien de golf).

Directeur

Enfin, on peut devenir Directeur de Golf, gestionnaire. Il existe une formation (BAC + 2) à l'IUT de NIMES, qui prépare à un diplôme Universitaire de Technologie option Golf. Pour obtenir de plus amples informations sur ces formations, on fera appel avec profit à la F.F.G. :

68, rue Anatole France - 92309 LEVALLOIS-PERRET
Tel : 01 41 49 77 00 - Fax : 01 41 49 77 01
Internet : www.ffg.org - Mel : ffg@ffg.org

On trouvera auprès des services de la Fédération tout ce qui concerne le Golf en France, comme la liste des golfs, celle des stages, ou les règlements officiels réactualisés tous les quatre ans.

Conclure

La meilleure conclusion que pourrait connaître cet ouvrage, c'est qu'il soit un encouragement à découvrir de nouveaux parcours à l'occasion de compétitions ou simplement pour le plaisir du tourisme. On ira respirer l'air vif de la tradition sur les golfs d'ECOSSE. Jouer au cœur d'ÉDIMBOURG ou sur les links d'ABERDEEN. Découvrir les neuf trous sauvages d'OBAN, les bruyères de STRATHTAY ou de LOCHCARRON.

Chacun aura ses golfs inoubliables : Les falaises ocres de Vale de Lobo en ALGARVE, le spectacle des Rocheuses à Sheridan WYOMING, les fairways d'Atimaono de TAHITI qui traversent les vergers de pamplemoussiers.

Toutefois, en golf, le bonheur est sûrement près de chez vous, à une portée de club. La France est devenue le premier pays touristique au monde par la belle diversité des paysages de ses régions, que l'on retrouve dans la variété de ses golfs.

On peut golfer "prestigieux" à PAU, BIARRITZ, VICHY, DINARD ou MEGEVE. Ou plus "modeste" en parcourant des neuf trous de rêve. La forêt d'Alsace à WITTELSHEIM, les menhirs bretons de TIR NA N'OG, les pins de Bordeaux-MEJANNE, les cerisiers en fleurs du golf d'UZES ou le décor inouï du CROS DU LOUP du Puy-en-Velay.

La tradition continue...

Index

3

Bibliographie

ARNAUD Pierre
Les Savoirs du Corps
Presses Universitaires de LYON

BARNES Julian
A History of the World in 10 1/2 Chapters
PICADON

CAILLOIS Roger
Les jeux et les hommes
FOLIO

DAVIS-AUTY-KIMMET
Theory and Practice
Mc MILLAN (Australia)

DEBRAY Régis
Transmettre
Ed. Odile JACOB

DUFLO Colas
Le Jeu
PUF

FAMOSE Jean-Pierre
L'apprentissage moteur
Ed. Revue EPS

GOLF MAGAZINE
Revue de la FFG

HEBRON Mike
See and Feel the Inside moves the Outside
The art and Zen of learning Golf
Ed. SMITHTOWN (New-York)

JACQUARD Albert
Voici le temps du monde fini
SEUIL

LOFI-FRAYSSINEAU
GOLF
Ed. AMPHORA

PREVOST Claude
L'EPS en France
PUF

Règles du Golf 2000-2003
Ed. FFG

Chez le même éditeur :

GOLF
Préparation mentale

par Antoni GIROD

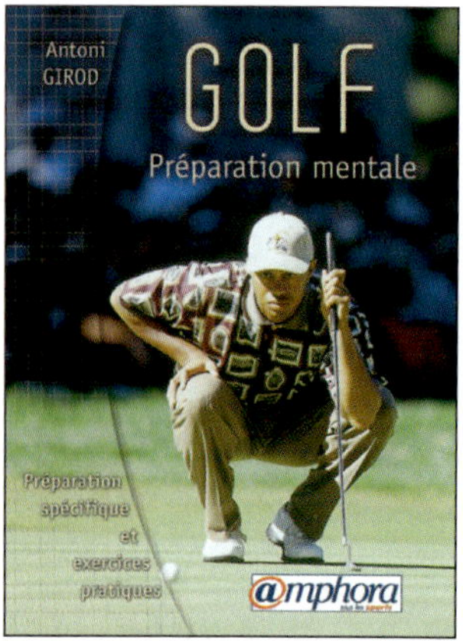

Le golf est reconnu comme étant l'un des sports les plus exigeants sur le plan mental.

À cela trois raisons essentielles :

le golfeur, qui ne consacre en moyenne qu'une minute par heure à taper dans la balle, dispose d'énormément de temps pour penser ;

l'importance de chaque coup et le nombre élevé d'obstacles susceptibles de faire basculer le score font que le golfeur n'a pas de répit et ne se trouve jamais en sécurité ;

la faible dépense d'énergie pour réaliser un coup ne permet pas d'évacuer, par l'effort physique, le stress accumulé.

De ce triple constat découle tout naturellement la question : comment développer la maîtrise mentale nécessaire pour "scorer" de façon performante ?

A cette question incontournable, que tout golfeur motivé se pose un jour ou l'autre, ce livre apporte des réponses concrètes et efficaces à travers une approche mentale méthodique du parcours et des techniques de training mental spécifiques au golf.

De nombreux exercices de terrain permettent la mise en application des différents concepts développés.

128 pages, **14,90 €**